觀心自在

香港觀音誕與觀音信仰探源

駱慧瑛

觀心自在

星雲

目錄

序一

早在文字發明之前，宗教就已經萌芽，原始人類用圖騰描繪他們敬畏的神靈，以音樂和舞蹈的儀式來祭祀神靈。人類文明發展史告訴我們，無論是在東方還是在西方，宗教發展的輝煌時期，也是藝術創造的鼎盛時期。原因其實很簡單，因為宗教的哲理十分深奧，所追求的終極目標也很抽象，而心靈的證悟更是非常之玄妙，使得宗教家們不得不借助於藝術創作，即圖畫、符號、色彩、音樂、唱詠等形式來顯示宗教內涵，使得普通民眾了知宗教超凡脫俗的美妙境界。從這種意義上來說，宗教成為藝術家們創作的不竭源泉，信仰則成為藝術創作的永恆動力。

正因為如此，佛教藝術因而成為詮釋佛教內涵的最佳載體之一。以駱慧瑛博士的新書《觀心自在：香港觀音誕與觀音信仰探源》為例，作者受過紮實的學術訓練，其博士論文題目正是研究敦煌唐代觀音經變，又有多年親近饒宗頤教授的殊勝因緣，並時刻牢記饒教授學藝雙攜的教誨，專於一種獨特的知識領域並能掌握精要，即她能夠從圖像、歷史和宗教的角度入手，生動地詮釋觀音信仰對香港人全方位的影響。譬如說，觀音借庫，形象詮釋布施得大福報的因果關係，鼓勵人們要在積累福慧資糧上下功夫；入海探寶被拯救，闡釋了君子取財，應取之有道，啟發人們從內心探尋人生寶藏——清淨佛性；觀音接引往生西方淨土，證明佛教對生命的終極關懷；各種有關觀音靈驗的故事，引導人們提昇自我正能量，最終定能融入觀音慈悲大海，感應道交，獲得真正的生命解脱；水月觀音，教導人們，世間一切如水中月、鏡中花，萬法之本體是緣起性空，無一法可執，便可獲得心無罣礙的境界。駱慧瑛博士在書中以圖文並茂的方式清晰展示出觀音信仰在民間習俗與宗教內涵之間的微妙關係。總而言之，人生是苦，觀音能尋聲救苦，這使得觀音菩薩不僅成為香港人的信仰，更是整個亞洲的信仰。

佛教藝術，無言説法。細讀本書，文如其人，踏實而淡雅，內容充實而用語優美，讀來令人生起清淨心、向善心。圖文並茂的《觀心自在：香港觀音誕與觀音信仰探源》，是一本值得一讀再讀的好書，特為序。

淨因

香港寶蓮禪寺住持

二零二零年十二月

序二

香港新界青山公路九咪半附近，有一座清淨典雅的寺院，建成於一九三九年，名為「弘法精舍」。它曾是培育香港佛教人才的一個搖籃。上世紀五十年代，倓虛法師曾在那裏主持「華南學佛院」，培育了永惺、暢懷、樂渡、性空等佛門龍象。世紀之交，佛光山在弘法精舍辦「香港佛教學院」，由星雲大師創建，覺繼法師主持教務。六年間也培育了一百多位優秀的年青學員。本書作者駱慧瑛博士便是香港佛教學院早期的畢業生之一。當時，慧瑛已從英國留學歸來，是一位才華橫溢的年青設計師。她完成香港佛教學院的課程後，發心繼續深入經藏，於是去了台灣高雄佛光山的佛學院深造。回港之後，又到香港大學佛學研究中心修讀博士課程。由於她的藝術天賦和愛好，她選擇了敦煌藝術作為她的博士論文專題，並在淨因法師（時任港大佛學研究中心總監）的指導下順利完成了博士論文。慧瑛一直醉心於敦煌藝術的研究和傳承。她不時應邀主講敦煌藝術的專題講座，亦經常帶團到敦煌實地研習壁畫藝術。如今，她在香港中文大學人間佛教研究中心從事研究和教學工作；這無疑是學以致用，造福年青學子的大好事。

到過敦煌莫高窟第三窟的朋友們，都會為窟中的千手觀音畫像留下深刻的印象。慧瑛亦如是；她長期以來醉心於觀音信仰和藝術的研究，收集了大量的一手資料。大家手上的這一冊難得的好書，正是她多年鑽研的成果。最難得的是：書中既有重要的學術成果和甚高的學術價值，但讀起來相當引人入勝，讓人有一份親切感，因此可讀性極高，這不是一般學術性書籍能夠做得到的。

本書內容極之豐富，觀音信仰的方方面面都詳細介紹和描述了。書中章節的組合亦十分有條理，圖文並茂，編輯工作亦做得非常用心、非常出色。料想慧瑛日後可以用書中材料，在大學裏開一門「觀音信仰」的課。

近年，香港多個主要的宗教團體於觀音菩薩出家成道日發起主辦「觀音文化節」，提倡觀音所代表的慈悲精神。語云：「慈悲無敵人」。世間如能多一分慈悲，多一分關愛，少一分仇恨，少一些戰爭，那該多好。衷心祈願慧瑛的新書能讓世間加添正能量和觀音菩薩的慈悲精神，啟導我們從疫情的困擾和煩惱中走出來，活得更輕安自在。

感恩慧瑛不辭辛勞，為大家寫了這冊十分應時應世的好書。

李焯芬
香港佛教學院院長
二零二零年十一月

自序

從小偏愛書畫，衣食住行皆可以簡化，唯獨執愛文房紙筆。從小敬愛觀音菩薩，沉澱的睿智構成美麗端莊的慈容。令人敬愛，令人心安。這份流動的生命力，連繫了眼耳鼻舌身意，眼觀觀音慈容、心頓時被淨化，清淨的同時也變得積極，希望學習觀音菩薩，快速得大智大仁大勇，透過運用慈悲和智慧，幫己助人，度一切苦厄。

與星雲大師結緣甚深，一九九九年為着對東方古老智慧的好奇而入讀香港佛教學院，不久皈依三寶，儀式在紅磡香港體育館內一巨型白色觀音像前舉行。曾與友人到寶蓮禪寺參訪、拜大佛，也禮拜寺內觀音菩薩，順道求籤，不料籤文所言，完全回應心中疑問——一個只有觀音和我才知道的疑問，當時年輕初學佛的我覺得非常稀奇。二零零零年赴台灣到佛光山叢林學院就讀，初時未適應文化和語言上的轉變，頗感困惑，每天早晚到大悲殿禮拜觀音菩薩，祈願得智慧，後來聽講、寫作和背誦方面都得以改善，還培養了研究佛學的興趣。二零零七年隨李美賢老師到敦煌，對豐富而脫俗的敦煌佛教藝術一見鍾情。在香港大學研讀博士，論文是研究敦煌唐代觀音經變，後到香港中文大學人間佛教根據地繼續研究及教學工作。

觀音菩薩同樣也連繫了社會上的各界人士，是我們在危難時的心靈港灣。觀音菩薩「倒駕慈航，尋聲救苦；千處祈求千處應」。祂無處不在，無人不愛。如果大眾對觀音菩薩有興趣，希望大家可以得到以學術為基礎，生活化的正確資訊，而不是道聽塗說，浪費了與觀音接心的珍貴機緣。學術界歷年來有不少有關觀音的巨著，如于君方《觀音》及鄭僧一《觀音——半個亞洲的信仰》等，我一直期待一本不但有深度、高度和廣度，更有香港文化味道的好書出現。

寫一本有深度和溫度的好書，是我從小的夢想。希望一天離開紅塵，回首沒有白走一趟，留下一點有價值的資料供人參考，願在各人的生命軌跡裏，都尋找到幸福的解脱密碼，各自努力經營，依教實踐，早日達至淙清自在之境。這本《觀心自在：香港觀音誕與觀音信仰探源》是我初步的嘗試，希望讀者會喜歡書中所討論作為香港非物質文化遺產的觀音誕所蘊含的智慧，而且對觀音信仰有正確和進一步的認識。

本書之出版，緣起於參加「想創你未來——初創作家出版資助計劃」，感謝編輯好友林苑鶯居士邀請參加，感謝天地圖書有限公司董事長曾協泰先生、董事總經理陳儉雯女士、助理總經理區麗兒女士、市場推廣副經理張舟女士及出版團隊的信任和支持。特別感謝主辦本計劃的香港出版總會，贊助機構香港特別行政區政府「創意香港」出資，出版總會會長兼籌委會主席李家駒博士、籌委會執行主席蘇惠良先生及各籌委會委員；亦非常感激非遺組評審主席兼顧問關永圻先生，及評審委員張倩儀女士、程美寶教授、丁新豹博士、趙雨樂教授的出心出力，為香港創造更好的未來，同時也讓我等初創作家能在較優厚的條件下實現出版夢想。

有幸完成拙作，全賴十方因緣成就。寫作過程中充滿挑戰、緊張、喜悅和感恩。這過程中得到很多助緣，感恩各方好友、善知識二話不說的協助。原來寫書並不是個人的事，牽涉甚廣，工作程序也是一連串的。慚愧學不到千手千眼觀音菩薩的萬能，凡夫限於智力和體力，只知全力以赴，在疫症下的田野調查工作更是格外艱辛，實地考察的資料搜集及整理於未來當可以進一步拓展。此書內容如有未盡完善，尚望高明不吝指教！

感恩高齡的星雲大師題書封面；感謝淨因法師和李焯芬院長賜序。書中每一張照片、畫作和地圖皆得來不易。感謝友好機構故宮博物院、敦煌研究院、香港大學饒宗頤學術館、饒宗頤基金、香港中文大學文學院及人間佛教研究中心、寶蓮禪寺、西方寺、嗇色園黃大仙祠、觀音寺、觀音講堂、觀音巖、香港佛光道場、志蓮淨苑、東蓮覺苑、慈山寺、西竺林禪寺、華人廟宇委員會及大坑坊眾福利會慷慨提供罕見相片；王旭東博士、趙聲良博士、妙凡法師、如常法師提供珍貴相片；劉洪文燕居士、鄧偉雄博士和心今提供稀有畫作；何培根居士、吳其鴻居士、張偉鵬居士、鄧家宙博士、霍麗萍女士、何建民先生、張順光先生及馬國輝先生提供珍貴靚相；黃慧音居士提供出塵的現代佛曲音頻；香港中文大學圖書館數碼學術研究團隊、郭宜葳居士和邱維漢先生繪製地圖。

為搜集資料而造訪了香港十多間寺廟及相關人士，感謝他們在疫症下仍讓我參訪及接受訪談。感謝紹根老長、寬運法師、淨因法師、衍空法師、定怡法師、永富法師、大觀禪師、照融法師、衍芝法師及妙會法師，以及火龍傳人陳德輝MH和曾笑萍女士。

感激三十三位接受訪談的人士：學者潘宗光校長、李焯芬院長、嗇色園黃大仙祠李耀輝監院、駱湛才教授及陳雁姿教授；成功企業家兼大慈善家楊釗居士、鄭家成居士、梁家齊居士、劉洪文燕居士及嚴崔秀琼居士；城中才藝名人鄧偉雄博士、陳寶珠居士及吳其鴻居士；各行各業的菁英分子鄭從展大律師、黃嘉玉居士、張偉鵬居士、林苑鶯居士、張文穎居士、陳雪梅居士、朱家寶居士、梅小青居士、許家恒居士、洪卓恩居士、譚綺盈居士、李馥安居士、許雲嫦居士、岑羨雯居士、陳惠儀居士、關綺蓮居士、劉淑霞居士、奚仲文先生、馮偉基先生及譚家明先生，在此一一衷心道謝。

感謝父母師長多年來的言教身教，不離不棄、不慍不火的指導和鼓勵。感謝同修偉鵬在寫作期間身體力行的支持並全力承擔家中事務，好友遠藤敏一教授、倪偲瀚居士、倪秉郎先生、吳志軒博士、鄧美華居士、廖婉玲居士、李國棟先生、鄭映玲小姐的支持和支援。《妙法蓮華經．觀世音菩薩普門品》言：「應以比丘、比丘尼、優婆塞、優婆夷身得度者，即現比丘、比丘尼、優婆塞、優婆夷身而為說法。」凡發心助人者，都是觀世音菩薩應化身。

《華嚴經》：「心如工畫師，能畫諸世間，五蘊悉從生，無法而不造。」一切由心造，希望大家

觀心自在

觀心自在，並一起把心中的光明發揮，尤其在這多災多難的時代，在脫離輪迴大圈套前，在這不斷成住壞空的人生中，從個人做起，繼續在人間實踐各種善行，遍施無畏，遍給信心、歡喜、希望和便利。

諸惡莫作，眾善奉行。

南無大慈大悲觀世音菩薩！

駱慧瑛

二零二零年 深秋 香港

【緒論】

家家觀世音

家中有一尊觀音像，心中便得安穩，心情更趨平和，家便祥和。觀音儼如兼慈母般無微不至的呵護，也如嚴父及教授般智慧具足的指導，令生活充實和愉快。

家家觀音

生在香港的一九七零年代，自有記憶，便有一畫面深深的印於腦海裏，就是家母每朝燃香供觀音的一幕。那時幼小，混沌初開，只知印象中每朝父親愉快地出門上班去，母親打點家務後，穿戴整齊，便誠心合十供香於桌上觀音像前。

佛曲欣賞：
《六字大明咒》，黃慧音主唱、駱慧瑛獨白

鄧偉雄博士家中珍藏張大千（1899-1983）繪淨瓶觀音像，上題：「癸未三月，弟子張大千敬造。」（圖：鄧偉雄提供）

當時幼小的我，作為一位無知的旁觀者，已很享受沐浴在那份寧靜輕安的氣氛中。回想起來，觀音法相柔和慈愛，令人心生歡喜；當年才廿歲出頭、年輕的母親，臉上的嫻靜整潔，舉止優雅，與觀音像在同一畫面，一動與一靜，相映成趣，景象份外美麗。

家中那尊觀音像，並不是甚麼家傳之寶、古董珍藏，不是玉製，不是金鑄，不名貴也沒有特別的藝術或歷史價值，是二十世紀七十年代華南地區常見的白瓷彩塑觀音像，典型民間流行的類型，近乎家家戶戶可見，真正是「家家觀世音」。這觀音像的造型是我們一代香港人的共同記憶，幼小的我已感到這尊觀音像有別於家中其他「擺設」，祂是重要的、崇高的、慈愛和美麗的。感覺上，家中有觀音，家便吉祥，心便安穩。

觀音總給人一種親切和藹之感。觀音信仰普見於華人社會，甚至是覆蓋亞洲廣泛地區的一個信仰：無論信佛教、信道教、或民間信俗、或沒有宗教信仰人士，特別是華人，很多都信奉觀音、禮拜觀音，也有很多人不明觀音，但也喜歡擺設以至收藏觀音像。

觀音大慈大悲、救苦救難的本願特質，令這尊菩薩誇越不同宗教間乃至不同文化間的鴻溝，成為各地社會普羅大眾對慈悲和希望的共同嚮往和依歸。在香港，觀音誕更被列為非物質文化遺產。為甚麼觀音誕被列為香港非物質文化遺產？為甚麼我們會喜歡慶祝觀音誕？為甚麼要禮拜觀音？我們對觀音菩薩的認識其實有多少？

長大後，巧遇機緣接觸佛教，知道觀音是漢傳佛教的四大菩薩之一，以祂的大慈大悲最為人所熟悉。觀音菩薩可說是慈悲的「代表」。反而較為大眾所忽略的，是觀音除了大慈悲，還有大智慧。祂為滿眾生種種願，而廣設種種方便，處處大顯神通。

饒清芬女士家中珍藏饒宗頤教授（1917-2018）、
吳子玉先生（1930-2017）合作的觀音水墨紙本成扇作品。
（圖：饒宗頤基金會提供）

緣起觀音

觀世音菩薩（梵文：Avalokiteśvara），又譯為「光世音菩薩」、「觀自在菩薩」，簡稱「觀音」。佛教的經典上記錄觀世音菩薩具大慈悲心，眾生無論遭遇任何困難或災難，若一心稱念觀世音菩薩名號，菩薩即時聞聲救苦，使離苦得樂，故人稱「大慈大悲觀世音菩薩」。

觀世音菩薩為佛教中，最廣為人知及愛戴的大菩薩，所以有「家家阿彌陀，戶戶觀世音」的美譽。「觀世音」從字面直接解釋是「觀察世間的聲音」，出自《妙法蓮華經．觀世音菩薩普門品》：「若有無量百千萬億眾生，受諸苦惱，聞是觀世音菩薩，一心稱名，觀世音菩薩即時觀其音聲，皆得解脫。」觀世音菩薩的「千處祈求千處應，苦海常作渡人舟」，能做到「無緣大慈，同體大悲」。

觀音信仰於公元二世紀左右在北印度凝聚，向南傳至南印度、斯里蘭卡、中南半島；向北沿絲綢之路往東傳入中國，後再東傳至韓國和日本等地；又由漢地西至西藏，北至於蒙古。無論是南傳、漢傳或藏傳，顯教或密教，都可見觀音菩薩的造像，祂的蹤影處處，跨越地域、宗派及文化的界限。

觀音形象和涵義如水入瓶，在各地文化中又不盡相同。在稱名方面，現代華人多簡稱為「觀音」。觀音信仰在民間又被稱為「觀音媽」、「觀音娘娘」；觀音菩薩在道教中被稱為「觀音大士」等。

在中南半島，觀音被稱作為「世自在」、「世主」及「神主」。

在圖像方面，蓮華手觀音在印度最為常見，「楊柳觀音」、「水月觀音」、「寶瓶觀音」、「持蓮觀音」、「送子觀音」及「白衣觀音」等在中國及有華人居住的地區最為常見。而在東南亞地區又出現了結合帝王形貌與觀音的造像。在涵義方面，中國人視觀音為慈悲的化身；東南亞人視觀音為宇宙的主宰，西藏人又推崇為雪國的守護神，觀音菩薩在藏人心目中成為一個現世的神，專為救度雪域眾生而來。而作為行事的化身則是現實世界中有威望的領袖人物，如七世紀的藏王松贊干布（Songtsen Gampo, 617-650）被認為是觀音的化身。[1]

這現象顯示了觀音的普及和多重特性，說明觀音信仰在經一千多年的傳播和發展，及與各地文化的不斷融合，經歷不同的時間空間，漸漸形成出不同的版本和風格。在中國，早在西晉太康七年（二八六），月氏籍法師竺法護（一說二三九—三零六，另一說二三一—三零八）在長安把《正法華經》從梵文翻譯成中文，其中的〈光世音普門品〉揭開了觀音信仰在中國的序幕。

劉洪文燕家中珍藏多尊觀音像，千手千眼觀音唐卡畫像為其中之一。（圖：劉洪文燕提供）

觀音名號

觀音的名字最初由竺法護譯出為「光世音」。在後秦（三八四—四一七）時期，於公元四零六年，來自龜茲（今新疆疏勒）的高僧鳩摩羅什法師（三四四—四一三）在《妙法蓮華經・觀世音菩薩普門品》中將「光世音」重譯為「觀世音」，意思是「觀察世間的聲音」。觀世音另一譯名是在唐代（六一八—九零七）由三藏法師玄奘（六零零—六六四）譯為「觀自在」，從流傳至今的玄奘譯本《般若心經》可見。

此後的一千七百多年，高僧們翻譯了八十餘部有關觀音的經典，一些信眾除了依據佛經的內容而修行，還依個人體驗，撰寫與觀音的感應錄；最早有東晉謝敷（三一三—三六二）、傅亮（三七四—四二六）撰《光世音應驗記》，劉宋（四二零—四七九）張演據之再編撰的《續光世音應驗記》，及陸杲（四五九—五三二）繼續撰的《繫觀世音應驗記》。

及後民間更流傳着眾多的觀音話本及傳說。這位由印度傳入的外來菩薩，經中華文化近二千年的薰陶，早已融入中華文化，而觀音菩薩也是在佛教的諸佛菩薩中，最為華人所熟悉和感親切的。

《正法華經》第二十三品〈光世音普門品〉提到，只要人們一心稱念觀世音菩薩的名號，便能脫離「七難」（火、水、風或羅剎、刀杖、鬼、枷鎖、怨賊）、「三毒」（貪、瞋、癡）之苦，並能夠滿足「二求」（求生男、求生女）的願望。同時觀世音菩薩能隨機應變，以三十三種（意謂無限）的應化身說法

度眾。〈普門品〉中說明，觀世音菩薩有救無類，只要一心稱名，不論男女老幼，好壞貴賤，觀世音菩薩皆救護，觀機逗化，以慈悲的願心，智慧的能力，幫助一切有需要的人。

觀音形象

隨着上述所及佛經於三世紀末在中國開始翻譯。隨之而來，在五世紀下旬，中國開始出現觀音菩薩的造像，不少以青銅或金銅鑄造，多以觀音菩薩單獨手持蓮苞站立，故稱「蓮華手」觀音。隋唐時期，佛經變相藝術日益成熟，畫師藝匠依據《法華經普門品》

敦煌莫高窟第 45 窟主室南壁觀音經變（圖：敦煌研究院提供）

來繪畫觀音經變。敦煌第三零三窟建於隋代（五八一—六一九），洞窟前端的人字披頂分為上下兩層，皆繪上觀音經變。經變情節由上而下橫向鋪陳，各情節之間又以山水相間，巧妙地平衡了其獨立性及與整體的連貫性。至唐，經變畫更邁進一步，出現了以觀音像為主體的觀音經變。

敦煌第四十五窟建於盛唐，窟內整個南壁繪上觀音經變。這舖壁畫突破了隋代橫卷式的格局，壁畫中央畫了一尊巨大的觀音立像，頭冠中有化佛，臉如圓月，翠眉綠鬢，左手持寶瓶，整體華麗莊嚴。兩側分繪了觀音救濟諸難和三十三應化身說法的場面，每一情節旁有經文榜題對應經變畫，大部份仍清晰可讀。整舖壁畫規模宏偉，構圖均衡對稱，條理井然，具強烈的感染力。

這種佈局與印度奧蘭加巴德石窟（Aurangabad Caves）第七窟建於六至七世紀的觀音救濟八難浮雕（八難即：王難、賊難、火難、水難、病難、人難、非人難、毒蟲難）相近。[2] 這與絲路在唐代發展發達很有關係，唐代中國的佛教發展不再單純依靠西域的傳播，中國與印度有直接聯繫及文化交流，故在唐代的中國佛教藝術風格有着明顯的印度文化影響痕跡。

自三世紀觀音信仰萌芽期至唐代，中國觀音造型仍依印度觀音造型風格的男性化，唐代中後期多是亦男亦女的形象，如經中所及的應機而變，無有定相。觀音菩薩在外形上可男可女，因觀音乃慈智兩運的十地菩薩，在本質上無男女之別，觀音菩薩不受時空及性別限制，能超越時空及形相。

唐人在觀音形象上再加以創新，出現了水月觀音圖像，張彥遠（八一五—九零七）的《歷代名畫記》載周昉（八世紀至九世紀初）「妙創水月之體」。白居易（七七二—八四六）〈畫水月菩薩贊〉中道：「淨淥水上，虛白光中。一睹其相，萬緣皆空。」將菩薩水月意境，與緣起性空的境界巧妙地表達，不但構成畫面之美，也達喻意之深遠。

隨後的五代、兩宋時期，水月觀音像仍十分流行，秉持唐風延續，然將觀音菩薩形象趨向女性化。宋代，隨水墨畫的興起，士大夫畫家李公麟（一零四九—一一零六）、禪宗畫僧梵隆（十二世紀）等都曾用水墨白描法作觀音像。此後，水墨風格的觀音菩薩日漸普遍，沿流至今，成為別具一格

的中國觀音菩薩形象。另外，密教的觀音菩薩形象也具其特殊風格，較廣為人知的有「千手千眼觀音」、「四臂觀音」和「準提觀音」，其他有「十一面觀音」、「馬頭觀音」、「不空羂索觀音」和「如意輪觀音」等。

饒宗頤教授於 1985 年以白描手法臨敦煌經卷唐人繪畫之樹下觀音圖（圖：香港大學饒宗頤學術館提供）

唐人寫經的經卷後端有不少繪有白描畫稿，這些畫稿之中觀音菩薩屬於較為多見；不少觀音畫像都比較筆墨簡單，唯獨有一幅樹下觀音描繪細緻，六臂觀音坐於蓮座之上，後有一株矮樹。鄧偉雄博士認為饒宗頤教授於一九八五年以細筆臨摹此幅觀音，力求神似，寫出了唐人觀音的穩重莊嚴，行筆流暢，有歐、虞行書之筆勢，所以特別稀有珍貴。

研究觀音

當代佛門高僧對觀音菩薩也有深入研究，星雲大師早在一九五三年已翻譯森下大圓《觀世音菩薩普門品講話》。[3] 二零一一年星雲大師著作《人海慈航：怎樣知道有觀世音菩薩》更豐富了原已對觀音精細詳盡的介紹。[4] 聖嚴法師《觀音妙智——觀音菩薩耳根圓通法門講要》逐句解說《楞嚴經》中有關觀世音菩薩的證道因緣、功德感應、耳根圓通法門的修行方法。[5] 寬運法師深入淺出講述《妙法蓮華經·觀世音菩薩普門品》，接引大眾入門認識觀音菩薩。[6]

另一方面，大陸學界有方廣錩研究敦煌遺書中的《妙法蓮華經》及有關文獻。羅慶華研究敦煌藝術中的《觀音普門品變》與《觀音經變》。[7] 董志翹《觀世音應驗記三種》分析觀世音應驗記的最初三個版本。[8] 李利安研究觀音信仰的淵源與傳播。[9] 沙武田探究敦煌莫高窟第四十五窟觀音經變的繪製年代。[10] 李翎《藏密觀音造像》專門分析藏傳佛教中的觀音造像。[11] 謝永昌介紹有關香港觀音廟堂等。[12]

歐美學者研究觀音也是獨到深入。于君方 (Yu Chun-fang) 花了十五年時間完成《觀音：菩薩中國化的演變》一書，對觀音菩薩的研究深入而全面，給研究觀音的後人提供了穩健基礎。[13] 鄭僧一 (C. N. Tay)《觀音：半個亞洲的信仰》簡潔精要地介紹了觀音對亞洲地區文化的影響。[14] 王靜芬 (Dorothy C. Wong) 鑽研五至七世紀期間的中國及日本觀音形象。[15] Aurelia Campbell 等人透過分析《觀世音應驗記》，提出了對觀音信仰傳播的見解。[16] 日人兜木正亨精細記錄和分析現存英、法兩國的《妙法蓮華經》文獻等。[17]

廿一世紀是資訊世代，提供了新的研究媒體和方法。顏娟英分析唐代十一面觀音圖像與信仰的關係。[18] 鄭阿財分析討論了觀音經變文與中古時代敦煌莫高窟寺院講經弘法的功能。[19] 近年還有陳玉女《觀音與海洋：明代東南沿海的觀音信仰》研究討論明朝東南沿海與觀音信仰的遷流演變；[20] 侯坤宏《流動的女神：觀音與媽祖》內容以簡介及釐清「觀音信仰」與「媽祖信仰」二個信仰在不同時期發展的脈絡；[21] 徐一智深入探討明代觀音信仰情況；[22] 及陳清香研究觀音菩薩的形象等。[23]

筆者友人心今是一名修行人，日常除了承擔着忙碌的弘法利生事業，還會抽出零碎時間繪畫觀

筆者友人心今繪《持蓮觀音菩薩》（右圖）及《寶蓮臺觀音菩薩》（左圖）（圖：心今提供）

音像，如附圖的《持蓮觀音菩薩》和《寶蓮臺觀音菩薩》。繪畫觀音像也是一種修心及親近觀音菩薩的途徑。繪畫一幅觀音像需花上好幾個月的時間，也是耐心的訓練。

實踐慈悲

如何才能學習和實踐慈悲於日常生活中？

當看見法相莊嚴的觀音菩薩像，除了欣賞祂的美麗，我們可以學習菩薩的慈悲，我們的兩眼可學習菩薩的「慈眼等視眾生」；我們的雙耳可學習菩薩的「諦聽」和「聞聲救苦」；我們的嘴可學習菩薩「四攝」中的「愛語」；我們的手可學習菩薩纖長柔和，「願將雙手常垂下，撫得人心一樣平。」使自己與慈悲相應、契合，成為一體。我們在要求別人慈悲前，首先自己要做到慈悲，更進一步令周圍的家人、朋友、鄰里、同事等都充滿慈悲，互助互惠。

我們可以用布施、愛語、同事、利行的四攝法來行慈悲，以自他互易的觀念來行慈悲，抱持人我一如的胸懷來行慈悲，以冤親平等的修持來行慈悲。努力做一個慈悲的人，把家庭建設成慈悲的家庭，使社會成為慈悲的社會，令娑婆世間成為一個充滿慈悲、免於紛爭的國土。懂得惜福、尊重、包容和結緣是慈悲。慈悲不僅於己有利，慈悲更是家庭幸福的動力，是社會安和樂利的基石，是國家繁榮進步的要素，是這世間生生不息的泉源。顛沛的人生歲月裏，因為有了慈悲，前途才有無限的希望。

清代佚名畫家繪蓮池觀音畫像，饒宗頤教授題：「稽首天中天，毫光照大千，八風吹不動，端坐紫金蓮。東波居士贊，選堂錄。」(圖：雲泉簃藝術集團提供)

發菩提心

慈悲的最高境界是怨親平等，無私無我。真正的慈悲以智慧為前導，否則弄巧成拙，反失善心美意。慈悲是把小我的愛，昇華至無我的大博愛。我們學習菩薩的慈悲精神，先要發菩提心(bodhicitta)。要培養有「不為自己求安樂，但願眾生得離苦」的精神。[24] 這種「先天下之憂為憂，後天下之樂為樂」的胸懷，才能稱得上大慈大悲。

世間事豈能盡如人意，以慈悲行事難免也有吃虧的時候；然而，唯有慈悲，才能化干戈為玉帛，消怨懟於無形。唯有慈悲，才能廣結善緣，互相成就。慈悲，才是人生取之不盡，用之不竭的寶藏。除了遇到困難時，可以憶念觀音菩薩的慈悲智慧來解決問題，也該學習菩薩的願心，自強不息的同時，顧及他人，幫助他人。

《慈悲經》記載着關於佛陀教導禪修者對於宇宙及眾生慈愛與祝福的開示。《慈悲經》來自於巴利文所記載的《小部經》，是一部簡短精闢的經。因以「慈悲」為經題，在很多儀式中，都會誦念這部經。經文內容如下：

1 完全了解寂靜境，善利乃為智人之所為，彼堪能、率直、正直、善感，柔和無高慢。

2 知足易養，生活簡素，護根、賢明，溫和謙虛，於〔信者〕之家無貪求。

3 不為智者所非難，不作任何卑賤行。願諸有情有幸福、安穩而安樂。

4 諸一切生物，或弱、或強者，或長或大、或是中等者，或短、或細、或粗等，包括盡無餘。

5 或現或不現，或住遠、近、或已生終、或有生〔因〕之生物，願諸有情有安樂。

6 人勿互毀謗，勿輕何處誰。勿怒勿氣忿，勿互咒願苦。

7 如母護愛獨子賭己命，於諸有情修習無邊之〔慈〕心。

8 於諸世界修習無限之慈心，於上下十方無怨意、敵意以達無礙。

9 或立、或步、或坐、或臥，只要目醒覺，應確立此念。於此之教，是云梵住。

10 勿陷於妄見，護持戒德，具有正見，制伏貪求欲事，彼決不再宿母胎。[25]

經典內容大意謂：願所有眾生安全正直，願他們生活簡單而內心豐足。不論哪一類的生物，弱或強；長或短；粗或細；小、中或大的；不論可見或不可見，已出生或將出生；願所有眾生，無例外地，遠或近的，都幸福、安穩安樂。人與人之間彼此沒有欺騙或毀謗，沒有怨恨或加害的心念。

觀音如母親不顧自身生命地護念她唯一的孩子，願人們也能對眾生散發這樣無量的慈心。讓一個人無量慈愛的心念充滿世界的上、下及十方，遍滿所有一切。不論在三界內外的任何一個角落，沒有任何的障礙，沒有任何的仇恨及敵意。只要一個人是醒覺的，無論站着、行走、坐着或躺下，也應當如此保持正念。這是生命的昇華，這是此生中最高的境界，也是我們最理想目標和生活態度。

長大後的我自立成家，別於富貴人家收藏古董精品，或名貴金裝觀音像，寒舍客廳中央，也供奉一尊樸實的木製唐式觀音像，法相祥和慈藹。每天心香一瓣，提醒自己學習觀音菩薩的慈悲和智慧，勤修「戒、定、慧」，行「六度」（布施、持戒、忍辱、精進、禪定、般若）和「四攝」，來提昇自我的素質和能力，助己助人。

無論你喜歡哪個朝代、宗派、藝術風格及造型的觀音像，希望大家也一樣，見觀音像時，起輕安自在的心，平和而寧靜，憶念和學習觀音菩薩的慈悲大愛精神，並應用在生活之中。

奚仲文先生家中供奉的紫砂觀音坐像
（張偉鵬攝）

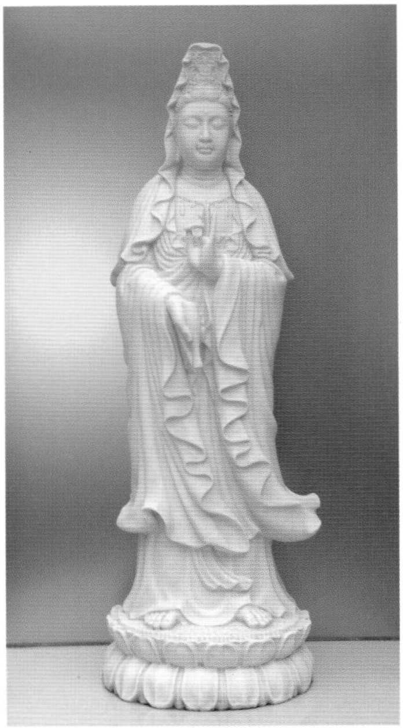

佛友關綺蓮居士家中漢白玉觀音像
（何培根攝）

筆者家中供奉多尊觀音像，圖為其中之一的白瓷寶瓶觀音像。（張偉鵬攝）

觀心自在

筆者在本書講述觀音信仰的源流和教義，希望揭示信仰背後的深層內涵，並介紹香港觀音誕和觀音廟的歷史和特色，藉此彰顯非物質文化遺產所重視那無形無相，而且無上珍貴的智慧。這個智慧對我們的心靈和精神裨益良多，能幫助我們得到心安神寧，精神滿足，繼而達至社會和平。

觀音信仰在民間源遠流長，觀音誕是以觀音信仰為核心的重要傳統節日。觀音誕有不同紀念日子，佛教有三個，民間信仰則有四個，分別紀念觀音菩薩降生、成道、飛升及入海成水神。香港不少佛教、道教和民間信仰的道場寺廟，都非常重視觀音誕，而長年舉辦各種慶典及紀念活動。

觀音誕的慶祝方式多種多樣。寺廟的觀音誕法會是莊嚴隆重的宗教儀式，虔誠的信眾更會齋戒修行；香港觀音誕活動中最具地方特色的，莫如充滿話題性的「觀音開庫」，及緣起於觀音應驗事蹟的大坑中秋舞火龍。近年還有形式較新穎的供水行禪等大眾喜愛的活動，更有不同團體舉辦觀音文化節、觀音寺開放日、觀音誕捐血日等。

香港觀音誕的豐富面貌不但吸引了廣大信眾參與，還贏得了許多市民和海內外遠近地區遊客的讚賞，讓源遠流長的中華文化優良傳統，得以傳承和持續發展。觀音誕既是香港社會盛事，同時是富本港特色的珍貴智慧文化財產。

雖然信奉觀音或參與觀音誕活動的人眾多，但知道箇中教育意涵的人畢竟極少。筆者並不着意於本書對香港觀音信仰作全面探討（這亦非個人能力所及），而是希望立足於香港開埠至今近一百八十年所醞釀的本土中西匯合的文化特色上，盡力作出較具體而詳實的觀察和陳述。

書中內容力求追本溯源地探究觀音信仰的由來和意義，扼要介紹其約近二千年的發展線索，並展示一些為人津津樂道的古今中外觀音造像藝術。然後由觀音信仰與文化切入，分析探討民間觀音崇拜的獨特現象；又藉翻查相關文獻和檔案資料，及以人物專訪、田野考察、抽樣民調普查等方式取得第一手資料而加以分析，從中探究香港觀音誕的來源、歷史和發展，並介紹香港各界舉辦的觀音誕活動，重點介紹富於香港地道特色的觀音開庫（借庫）和舞火龍等，嘗試剖析其表義與深義。最後，歸納觀音信仰的現代意義，和觀音菩薩精神在當今香港的生活實踐。香港由從前地處邊陲小漁港發展至現今的國際大都會，特有文化的變化與傳承都值得我們深思和關注。

透過認識觀音誕，我們將了解到觀音菩薩與香港人有着深深的緣。香港擁有獨特的歷史背景，醞釀出奇異精彩的文化內涵，反映了百千年來每一代香港人雖然有着不同的生活，但仍流傳着和而不同的價值觀和靈性追求。

香港歷代所屬縣治及管治情況表

朝代	管治年份	所屬縣
秦、漢、三國、東晉	秦始皇三十三年（前 214 年）至東晉咸和五年（330 年）	番禺縣
東晉、隋、唐	東晉咸和六年（331 年）至唐至德元年（756 年）	寶安縣
唐、五代、宋、元、明	唐至德二年（757 年）至明隆慶六年（1572 年）	東莞縣
明、清	明萬曆元年（1573 年）至清康熙四年（1665 年）	新安縣
清	清康熙五年（1666 年）至清康熙七年（1668 年）	東莞縣
清	清康熙八年（1669 年）至清道光二十年（1840 年）	新安縣
英國殖民管治時期	1841-1997 年	—
中華人民共和國	1997 年至今	（特別行政區）

1 李翎：《藏密觀音造像》，北京：宗教文化出版社，頁 12。2003 年 10 月。

2 佛光山：《世界佛教美術圖說大的辭典》。網址：http://arts.fgs.org.tw/fgs_arts/tw/keyword_search_detail.php?arg=S0NCWr9TkwVsKb1rN1nS9kdarhn8bwROxT6PgBdw6Br1SzWASEm7PVeVWgbA。

3 星雲大師（1927-）譯；森下大圓著：《觀世音菩薩普門品講話》1953 年 5 月（2013 年再版），佛光文化。

4 星雲大師（1927-）著：《人海慈航：怎樣知道有觀世音菩薩》，台北：有鹿文化，2011 年。

5 聖嚴法師（1931-2009）：《觀音妙智——觀音菩薩耳根圓通法門講要》，台北：法鼓文化，2010 年。

6 寬運法師：《〈妙法蓮華經．觀世音菩薩普門品〉淺說》，香港：菩提出版社，2017 年。

7 羅慶華：〈敦煌藝術中的《觀音普門品變》與《觀音經變》〉，《敦煌研究》，第 4 期，蘭州：敦煌研究院，1987 年，頁 49-61，頁 113。

8 董志翹：《觀世音應驗記三種》，南京： 江蘇古籍出版社，2002 年。

9 李利安：《觀音信仰的淵源與傳播》，北京：宗教文化出版社， 2008 年 6 月，頁 69，76-77 ；李利安：〈古代印度觀音信仰的起源〉，網址：http://www.china2551.org/Article/psxy/p2/200806/6530. html，2011.7.4 ；李利安：〈儒道思想對中國民間觀音信仰的影響〉，《中國佛學》第 1 卷第 1 期。

10 沙武田：《莫高窟第 45 窟觀音經變時代新探》，《敦煌研究》（第 136 期） ，2012 年第 6 期。

11 李翎：《藏密觀音造像》，北京：宗教文化出版社，頁 12。2003 年 10 月。

12 謝永昌：《香港觀音廟堂巡禮》 ，香港：中華文化交流服務中心，2008 年。

13 Yu Chun-fang, Kuan-yin: *The Chinese Transformation of Avalokiteśvara*, New York: Columbia University Press, 2001.

14 鄭僧一（C. N. Tay）著，鄭振煌譯：《觀音：半個亞洲的信仰》（*Kuan-yin: The Cult of Half Asia*），台北：慧炬出版社，1993 年。

15 Dorothy C. Wong, *Chinese Steles: Pre-Buddhist and Buddhist Use of a Symbolic Form*, Honolulu: University of Hawaii Press, 2004; *The beginnings of the Buddhist stele tradition in China: a thesis presented*, Cambridge, Mass.: Dorothy C. Wong, 1995.

16 Aurelia Campbell et al., *The Cult of the Bodhisattva Guanyin in Early China and Korea, Sino-Platonic Papers*, University of Pennsylvania, 2008

17 Shoko Kabutogi 兜木正亨 , *Descriptive Catalogue of the Miao fa lien hua jing* 妙法蓮華經 *from Dunhuang collected by Aurel Stein and Paul Pelliot*, Tokyo: The Reiyukai, 1978.

18 顏娟英：〈唐代十一面觀音圖像與信仰〉，《佛學研究中心學報》第 11 期，2006 年。

19 鄭阿財：〈觀音經變與敦煌莫高窟寺院講經之蠡測〉，《普門學報》第 35 期，2006 年 9 月。

20 陳玉女：《觀音與海洋：明代東南沿海的觀音信仰》，高雄：佛光文化，2017 年。

21 侯坤宏：《流動的女神：觀音與媽祖》高雄：佛光文化，2017 年。

22 徐一智：〈明代觀音信仰之研究〉，嘉義：中正大學歷史研究所博士論文，2007 年。

23 《華岡佛學學報》第 3 期，頁 57-78，1973 年，台北：中華學術院佛學研究所，http://www.chibs.edu.tw。

24 唐．實叉難陀譯《大方廣佛華嚴經．十迴向品第二十五之一》。

25 《慈悲經》，《漢譯南傳大藏經》第 26 冊，號 0008，http://tripitaka.cbeta.org/N26n0008_001。

【第1章】

正法明如來

——觀音信仰的源流

有人或許會問：「世上真的有觀世音菩薩嗎？」

我也曾問：「觀音菩薩真的靈驗嗎？」

你或者也會問：「觀音菩薩在哪裏？」

觀音菩薩從哪裏來？要往哪裏去？

為甚麼觀音菩薩要幫助我們？

為甚麼那麼多人信奉觀音菩薩？

以出世情，作入世事。觀音不是佛未成，為度眾生做菩薩。觀音菩薩的化世因緣與作用，觀音信仰的流傳與衍化，祂的菩薩精神軌跡，從古至今，在古代民間至現代社會，關懷與救濟中呈現和彰顯，幫助人們實現理想，普度超凡脱俗……

五代白衣觀音像，敦煌藏經洞出土，北京故宮博物院藏品。
（圖： 北京故宮博物院提供）

現代人比較理性，而且對資訊的渴求無窮無盡。所以也許很多人會想：「我信，但不想不明白而相信（迷信）。」所以「想認識，想了解，明白之後再去深深相信。」筆者認為，觀音信仰對現代人的定義不再只是宗教信仰，而是心靈的提昇與道德上的教育。透過認識和實踐，才能啟發自我內在潛能，啟動真、善、美的人生。

一句「戶戶觀世音，家家彌陀佛」，我們便可知觀世音菩薩在社會百姓中根深蒂固的影響程度，可以說觀世音菩薩信仰是大乘佛教中最流行的一種信仰形態。最早的觀音信仰隨大乘佛教沿北面絲綢之路經西域傳入漢地。後來發展至東亞也很興盛，除了中國，包括日本、韓國等至今也仍可見觀音信仰的發展痕跡。當中的意涵涉及哲學、文學、藝術等多領域，所以觀音信仰是多方面和多元化的。

中國觀音信仰也分為漢傳、藏傳與民間信仰三個體系，前二者均有佛教經典為依據，而民間觀音信仰因不受經典教義及各種成規限制，信徒依各自需要，隨意發揮創意，進行改造，從而形成各種活潑生動又有趣的信仰形態。在這一改造過程中，中國固有的傳統民族文化的許多元素都發揮了作用，當中加入了儒、道思想的元素在內。[1]

在佛教的佛菩薩中，影響層面最廣，信仰者最眾多，當是觀世音菩薩。這不單在中華文化（主要是漢文化）中，以觀音為最著名，最受歡迎；在滿、蒙、羌、彝、白、傣、水、壯、瑤、畬、藏等少數民族中，觀音也有許多信仰者。事實上，在內地、香港、台灣、澳門、星馬泰地區等，甚至美加、歐洲等地，只要是見到華人及亞洲人的地方，便多數能見到有觀音信仰的流佈、流動和傳承。尤其在古代的婦女界，觀音的影響力甚至超過釋迦牟尼佛。以供奉觀音為主的寺、廟、閣、堂、庵、樓、亭，不可勝數，各式各樣，在香港也不例外。

來自印度的觀音

據一些學者考察推斷，觀世音的來源，或以基於波斯女性水神 Anāhita，或以希臘阿波羅神（Apolla），與印度濕婆神（自在；Īśvara）的混合。[2] 印度的觀音信仰，其重要淵源之一，是寶馬救海難傳說。自古流傳在印度大陸南端，有解救「黑風海難」和「羅剎鬼難」的信仰，這為觀音信仰的主要來源。「稱名救難」信仰由古印度觀音信仰作起點，觀音救難信仰從「救海難」到「救一切難」，以《妙法蓮華經》第七卷二十五品〈觀世音菩薩普門品〉[3] 為總結，形成一完整的觀音救難信仰體系。[4]

〈普門品〉如觀世音菩薩的傳記般，對於菩薩的應化、慈悲、神力以及遊諸國土度化眾生的事蹟，敘述甚詳。經中記載佛陀對觀世音菩薩慈悲化世的廣大功德，諸多讚嘆，因而感動無盡意菩薩以瓔珞供養。從經文中的對話記錄，呈現出一位悲智雙運、福慧具足的聖者典範。

南印度人視觀音菩薩為海上守護神，有如福建及台灣地區以媽祖為海上守護神一樣。[5] 在一百八十年前開埠前的香港為漁港，在當時香港沿海地帶，如西環、上環、灣仔、淺水灣、赤柱和長洲等處都已建有多座觀音廟及媽祖廟，而香港四面環海，所以基本上，有人生活的地方，便有供奉觀音的寺廟。

《大方廣佛華嚴經．入法界品》記載善財童子（梵名：Sudhanakumâra）的「五十三參」，他到處參訪，拜見五十三位善知識，向他們學習。善財童子經由文殊師利菩薩的指點，為修習「菩薩云何學菩薩行，云何修菩薩道」，遍訪四海五洲，遊歷了一百一十個城市，參訪了五十三位善知識。其中第二十七參來到普陀山，於觀音菩薩處證入大悲行法門。而善財童子拜訪觀音菩薩的所在處，正是印度南方的布呾洛迦（梵名：Potalaka，又譯作：補怛洛伽、補陀落伽或普陀洛），傳說與印度東南沿海地區有關，所以觀世音菩薩的救苦救難，特別受到航海者、沿海漁民的崇信。而功能與觀音救護海難類似的媽祖，可說是觀世音菩薩的中國化版本了。[6]

我們身處二十一世紀的現代香港，這城市早已不再是百數十年前的小漁港，而是現代化的國際大都會，而香港人與觀世音菩薩的關係，卻並沒有因為行業和工種的轉化而疏遠或甚至失去了聯繫，反而觀世音菩薩的聖像金容，在都市、村莊、船上、車上、甚至路上，差不多只要有人煙的地方，都有人供奉觀音，可見觀世音菩薩與我們香港的因緣，的確非常深厚。

從佛教思想發展的角度來看，觀音信仰是大乘佛教發展中的新內容，是隨着新的「菩薩」理念與救濟思想的發展，接受外來影響而形成的。[7] 隨着般若經典的擴展與完善，觀音與般若思想系統的關係越來越密切，並最終成為般若經典的宣示者和弘揚者，《般若心經》可為一典型說明，觀音甚至成為般若智慧的代表。[8]《般若心經》以「中品般若」的經文為核心，附合於世俗信仰，在民間傳誦最盛；《般若心經》中載的「度一切苦厄」和「能除一切苦，真實不虛」，貫通了觀音菩薩救濟苦難的信仰，同時回應了所有苦難眾生的需求。

印度佛教到了「大乘佛法」時代，馬王傳說轉化為觀自在菩薩神力救難之一，所以在「秘密大乘佛法」中，觀音菩薩示現，有馬頭觀音，為六觀音、八大明王之一。從正統佛教人士的立場來說，這些都不外乎釋尊大悲救世與世俗民情需求的適應。無論在印度或中國，信眾與觀音的關係，常是透過感應事蹟來聯繫，而經由感應故事中男女信眾所見到或感到的觀音，其形象逐漸中國化——印度佛教中的 Avalokiteśvara，逐漸成為中國的觀音。到了十二世紀以後，因佛教在印度消失及隨後南印度觀音道場的沒落，中國人改以浙江梅岑山取代南印度補陀落伽山，為現今著名的普陀山，此一移植改造持續了幾世紀才完成。[9] 從此觀音信仰成功由「印度的觀音信仰」發展成「中國的觀音信仰」。

造於五至六世紀、現存世上最早的十一頭觀音（Ekādaśa-mukha）像，筆者於 2018 年 12 月再訪印度西印度坎赫里（Kanheri）石窟 41 窟。（張偉鵬攝）

觀音名號的由來

釋典所載菩薩名號，如恆河沙數，不可勝計。唯觀自在，洋洋赫赫功德，獨顯乎世間。凡遇厄難，竭誠稱念，稽首請命，亦往往如影響。誠由行願弘深，大悲無礙之力也。廣如藏教，今畧陳之。梵云「阿哩耶婆盧吉帝」，此云「聖觀世音」。又梵云「阿縛盧積帝濕伐羅」，此云「觀自在」。諸經所稱，或單云「觀世音」，或云「觀自在」，或兼云「觀音自在」。[10] 在中國佛教史上，觀音菩薩曾被漢譯為「光世音」[11]、「觀世音自在」[12]、「觀自在」[13] 等不同的名稱。從這些最初的翻譯名稱可見這位菩薩的精神、品格、能力和特色。觀世音又稱「施無畏」、「大悲聖者」及「圓通大士」等。

觀音的梵文為 Avalokitasvara，或 Avalokiteśvara，音譯「阿縛盧積低濕伐羅」，或者「阿婆蘆吉低舍婆羅」、「通盧揭底攝伐羅」。梵名一稱 Aryāvalokiteś-vara（阿梨耶婆樓吉氏稅、阿唎耶跋盧熾羝鑠筏囉）。國外有學者認為，Aryāvalokiteś-vara 梵文原意為「察看世界（的聲音）的主」（the Lord who observes [the sound of] the world）、「我們所看到（的這個世界）的主」（Lord of what we see）、「被看的主」（Lord who is seen）、「看（這個世界）的主（Lord who sees）」等幾種不同含義。而中國歷史上對觀音菩薩名稱的翻譯也是幾經演變，而且仍一直在研究討論。[14]

觀音名稱漢文譯語的演變與中國譯經史是相互聯繫在一起的。中國譯經史上有古譯、舊譯和新譯兩種。[15] 古譯中以西晉時期竺法護（一說二三九—三零六，另一說二三一—三零八）將觀音菩薩名稱翻譯為「光世音」最為代表。如《正法華經》中的《光世音普門品》中說：

> 佛告無盡意曰：「此族姓子，若有眾生，遭億百千姟困厄患難苦毒無量，適聞光世音菩薩名者，輒得解脫無有眾惱，故名光世音。若有持名執在心懷，設遇大火然其山野，燒百草木叢林屋宅，身墮火中，得聞光世音名，火即尋滅。若入大水……故名光世音。

自竺法護於西晉太康七年（二八六）八月十日在長安譯出《正法華經》後，經中講述觀音菩薩救苦救難的《光世音菩薩普門品》正好契合了當時人民尋求救護的需要，觀音信仰也因而迅速在全國流傳開來及流行起來，「光世音」遂成為古譯時代最流行的觀音名稱。

鳩摩羅什（三四四—四一三）在後秦弘始三年（四零一）到長安，後一直在長安譯經。鳩摩羅什得到當時後秦皇室的支持，他在當時中國佛教界擁有絕對的威望，所以他的譯經中使用有別於從前的名稱也為人接受。他在後秦弘始八年（四零六）重譯出《妙法蓮華經》，經中第二十五品《觀世音菩薩普門品》經文流暢優美，比《正法華經》更受人所歡迎，此後經中所使用的「觀世音」名稱便快取代了「光世音」一名流傳，而「觀世音」從此便成為最流行、最權威的名稱，直至今天。「觀世音」一名至唐被認為是有誤的翻譯，玄奘（六零二—六六四）之後的佛經翻譯被稱為「新譯」。玄奘新譯的經典中，觀音的名稱譯作「觀自在」。這成為新譯中最流行、最具代表性的觀音名稱。[16]

玄奘在貞觀十九年（六四五）載譽回國，受到唐太宗熱烈歡迎。玄奘從印度回到長安開始中國歷史上最大規模的譯經。對於觀音的名稱，玄奘認為，過去流行的「光世音」和「觀世音」都錯了。《大唐西域記》卷三中載玄奘的看法，「阿縛盧積低濕伐羅」漢語意為「觀自在」。「低」為「多伊」二字的連聲，分開來念，則「阿縛盧積多」譯曰「現」，「伊濕伐羅」譯為「自在」。舊譯「光世音」或「觀世音」、「觀世自在」皆是訛謬。[17]

窺基（六三二—六八二）在《般若波羅蜜多心經幽贊》（卷上）更陳述引伸其義：

「觀」者，照義，了空有慧；「自在」者，縱任義，所得勝果。昔行六度，今得果圓。慧觀為先，成十自在：一「壽自在」，能延促命；二「心自在」，生死無染；三「財自在」，能隨樂現，由施所得；四「業自在」，唯作善事，及勸他為；五「生自在」，隨欲能往，由戒所得；六「勝解自在」，能隨欲變，由忍所得；七「願自在」，隨觀所樂成，由精進所得；八「神力自在」，起最勝通，由定所得；九「智自在」，隨言音慧；十「法自在」，於契經等，由慧所得。位階補處道成等覺。無幽不燭名觀自在。[18]

窺基法師認同他的師父玄奘法師，認為Avalokiteśvara一詞只能翻譯為「觀自在」才恰當。Avalokiteśvara一詞中的（avalokita）解作「觀」；（svara）解作「自在」，與合成譯之為「觀自在」。他認為譯為「觀世音」，則詞義俱失。

唐代玄應法師在其著《一切經音義》卷五中道：

> 梵言「阿婆盧吉低舍婆羅」此譯云觀世自在。舊譯云觀世音或言光世音，並訛也。又尋天竺多羅葉本，皆云舍婆羅，則譯為自在。雪山以來經本皆云婆婆羅，則譯為音。當以「舍」、「婆」兩聲相近，遂致訛失也。[19]

當代大學者季羨林（一九一一—二零零九）贊同玄應觀點。在《大唐西域記校註》中道：「原注（即《大唐西域記》）『舊譯為光世音，或云觀世音，或觀世自在，皆訛謬也』，是正確的。其中觀世音一名在我國廣泛流傳。此譯將梵文Avalokiteśvara誤讀為Avalokitasvara所致。Avalokita義云『觀』，svara義云『聲音』，故全名也誤譯作觀世音或觀音。」[20]

星雲大師（一九二七—）認為觀世音菩薩因為「聞聲救苦」，所以名為「觀世音」，觀世音菩薩從「般若觀慧」裏獲得自在的菩薩，祂能自由自在的觀察……解救眾生心理上的痛苦，拔除眾生身體上的煩悶，所以名為「觀自在」菩薩 。……外境所動的般若人生，時時觀人自在、觀事自在、觀境自在、觀心自在。[21]

另，後漢（九四七—九五一）支曜所譯《佛說成具光明定意經》中能見到最早使用「觀音」一名。[22]「諸來明士、在會坐者，率皆妙行、心清口淨……有明士名無穢王、次復名光景尊、次復名智如山弘……次復名觀音，如是眾名，各各別異。」筆者認同玄奘法師的認真求學、「求真、求是、求正」的研究精神實在令人敬佩和應該仿效。

然而，如明代周應賓（一五五四—一六二五）撰的《重修普陀山志》中道「釋典所載菩薩名號，如恆河沙數，不可勝計。」[23] 觀音菩薩名號本來眾多，無論「光世音」、「觀世音」、「觀自在」、「觀音」、「圓通大士」、「施無畏」或「大悲聖者」等，筆者認為這都只是方便說。對這尊菩薩的精神、品格、能力和階位等，仍然是不增不減的。

菩薩是「菩提薩埵」的略稱。（梵語：बोधिसत्त्व，Bodhisattva ；巴利語：बोधिसत्त，bodhisatta），意譯「覺有情」，指擁有菩提覺悟之道心，能夠利益所有眾生的成就者。「菩提」（梵語：Bodhi），是覺悟，具有無上般若智慧；「薩埵」是有情眾生。若有眾生發心（菩提心）求入佛道，修大乘佛法，即「上求菩提，下化眾生」，故為菩薩。

印度坎赫里（Kanheri）石窟中的浮雕觀音像及兩旁拯救眾生於八難的圖像（張偉鵬攝）

過去正法明如來

《觀音三昧經》、《大悲經》及《悲華經》諸經說：「此菩薩久已成佛，號正法明如來。」又云：「後成正覺，號徧出一切光明功德山王如來。」在《千手千眼觀世音菩薩廣大圓滿無礙大悲心陀羅尼經》卷一中記載佛言：「此觀世音菩薩，不可思議威神之力，已於過去無量劫中，已作佛竟，號『正法明如來』。大悲願力，為欲發起一切菩薩，安樂成熟諸眾生故，現作菩薩。」

觀音菩薩於無量劫前已經成佛，號為「正法明如來」，其以慈心悲願而倒駕慈航，再來娑婆度化有緣眾生。[24] 在《大慈大悲救苦觀世音自在王菩薩廣大圓滿無礙自在青頸大悲心陀羅尼》卷一中又載：「正法教主釋迦牟尼如來。觀音本師無量壽如來。觀音本正法明如來。」[25]

從這幾部有代表性經典內容來看，我們得知現在我們認識的觀音菩薩，或名「觀世音」及「觀自在」，祂從前是佛，名「正法明如來」；現在是菩薩，名「觀世音」或「觀自在」；將來也是佛，名「徧出一切光明功德山王如來」。觀音菩薩不是沒有資格成為佛，而是為了救你、我、他、她和牠們，才倒退再度成為菩薩。而且觀音菩薩也並不着急再次成佛，祂關心的不是自身的利益，而是其他樂於浮沉生死苦海的大眾，無知地樂於陷入無窮無盡輪迴生死的大眾。

「觀自在」是觀世音菩薩的另外一個名號，很有啟發性，只要我們能觀照自己，我們能認識自

漢化後的觀音像，在中國寺院中多為色彩豐富，造型眾多。（張偉鵬攝）

己，我們就可以自在了！觀照自己的心，那個剎那起伏、千變萬化心念，如我們以平常心對應千變萬化的外境，便自然自在。人生若能在「自在」中生活，最為吉祥、幸福、成功。

中國的觀音信仰

印度觀音信仰在東晉至南北朝時期的傳入中國，經過本土人士的消化和吸收，觀音信仰得到廣泛的認同和實踐，呈現出豐富多姿的宗教及社會形態，進而產生出本地創作，編寫出許多非佛所説的經典，純粹為本土化後以觀音信仰而產生的疑經如《高王觀世音經》與《觀世音三昧經》等。[26] 這現象反映了觀音信仰在中國的演變與發展。[27]

中土的觀音信仰經歷一段長期複雜的演化過程。早期流行的，要以《法華經・普門品》為經典依據的救苦觀音。隨譯經事業的鼎盛，經典的陸續譯出，及六朝以後至唐淨土信仰盛行，淨土觀音以脅侍菩薩、引路菩薩的身份隨之流傳開來。唐代瑜伽密教的傳入，又引入了新一批密教多變的觀音形象，當中以千手千眼觀音及大悲觀音最為盛行，而且流行至今。

在隋唐兩宋時期，從印度傳入漢地的的觀音信仰，也完善了本土化的過程，在中國觀音信仰中，觀音信仰主要表現在淨土、般若和密教三個系統上。中國人最感興趣的，依然是以最初救難型觀音信仰為主，人民把觀音限定在救難的領域。但隨着密教觀音信仰的發達，唐宋時期中國出現了大量的密教觀音造像，不但顯示了觀音信仰上的發展和變化，也呈現了中華民族的吸收力、學習力、應用力和創新能力。同時表現了一個民族吸納包容的胸襟和氣度。當然有如觀音菩薩精神的救

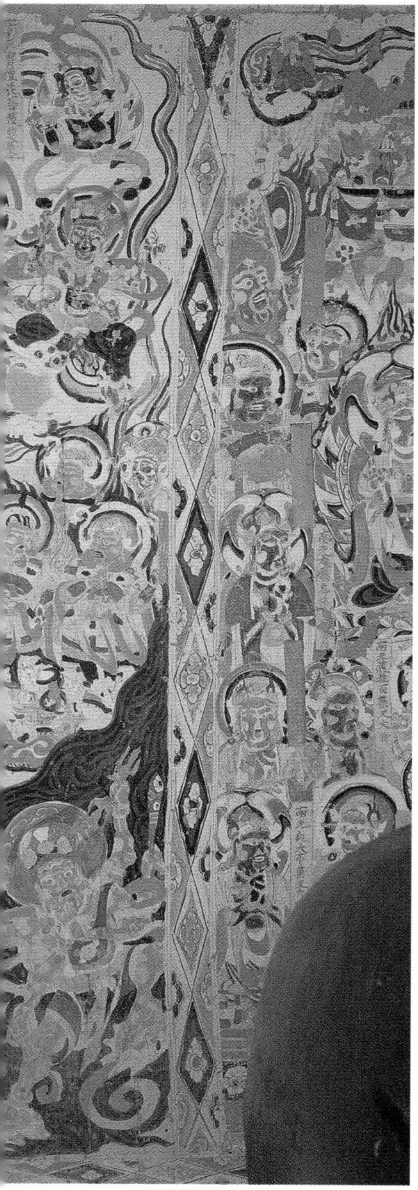

隋代石刻觀音菩薩像，現存美國波士頓美術博物館（The Museum of Fine Arts, Boston）。（陳惠儀攝）

榆林窟五代第 36 窟南壁千手千眼觀音經變（圖：影敦煌研究院提供，吳健攝）

莫高窟初唐第 321 窟主室東壁十一面觀音像（圖：敦煌研究院提供）

唐代十一頭觀音菩薩像，現存美國波士頓美術博物館（The Museum of Fine Arts, Boston）。（陳惠儀攝）

在中國的寺院中，常設一觀音殿供奉觀音。（張偉鵬攝於順德，2017 年春）

苦救難大愛精神，誰會拒絕呢！換轉是在一個保守、自我、墨守成規的國度，觀音的菩薩精神未必能充份發揮，人民亦相對地未能完全受惠。

據《普陀洛迦新志》卷四〈檀施門〉載，宋太祖曾派內侍，帶香和旛等到普陀山朝拜。[28] 自宋開始，普陀山是中國觀音信仰的中心，普陀山也是海上絲路航道的要塞之一。許多商船和漁船行駛到普陀山，都會祈福再出發繼續商旅，其中包括韓國和日本來的外國商人，所以，普陀山與海上貿易的發達有着深厚的聯繫，觀音信仰也與海商和漁民有着深厚的緣。

觀音信仰的「本土化／中土化」，也是「道教化」。「道教化」是觀音信仰中國化的重要元素之一。六朝後期，道教人士把觀音納入為道教神祇之一，固然是為歸納優勢及擴展自家的勢力，同時也回應了佛教及觀音信仰中國化的進程，而觀音菩薩也超越宗教限制，融入文化當中。[29]

「泗州大聖信仰」可以作為例子，以觀音化身之一的「泗州大聖信仰」來説明。泗州大聖信仰出現在唐宋以來有關驅除天花瘟疫的道經和民間經卷內，「灑楊枝水」本屬觀音獨有的特徵，也成為泗州大聖的舉止。在祈神禳痘和種痘的儀式文本中，觀音菩薩及其化身，是不可或缺的神祇，「觀世音娘娘」成為「禳痘女神」，泗州大聖成為觀世音的一種化身。[30] 相傳泗州大聖為十一面觀音之化現。泗

州大聖是一融佛道於一體的神靈，祂不僅有觀音菩薩的形象，也有道教神祇的身影，後者從儀式上提供了融合前者的神學架構，使得觀音信仰以其化身形態透過道教儀式得到進一步拓展。

觀音信仰在隋唐是本土化、中土化，至宋則是是民間化、庶民化、百姓化。觀音信仰不再是只供帝王祈福保祐天下，及給修行人潛心修煉的，而是給大眾的，任何人有危難和需求，不一定透過佛寺，透過道觀，甚至可以自行建庵堂供奉觀音菩薩求保佑。可見觀音信仰在中土的普遍性和多元化。

民間的觀音信仰

在古代民間至現代社會，有很多人不一定知道曾經出現在人間的覺者釋迦牟尼佛，卻不會未聽聞過觀世音菩薩。故有流傳甚廣的俗語「家家彌陀佛，戶戶觀世音」。[31] 這句話如實地反映了兩千年來華人民間供奉觀世音菩薩的盛況，和觀世音菩薩家喻戶曉、深入人心的情況。

觀世音菩薩普令眾生受益，深受民間喜愛。煮雲法師（一九一九—一九八六）在《南海普陀山傳奇異聞錄》道：「在這四大名山與四位大菩薩之中，能夠家喻戶曉、婦孺皆知的，那就是南海普陀山大慈大悲救苦救難廣大靈感的觀世音菩薩了。」[32]

為霖道霈禪師（一六一五—一七零二）道：「古也如是聞，今也如是聞。聞見圓明，未嘗欠少。若向這裏見得徹，信得及，領荷得去，則知妄苦本空，玅智本有，靈光獨耀，萬古徽猷。家家阿彌陀，處處觀世音。如或未然，更聽一偈：人人有箇古觀音，相好端嚴悲願深。晝夜放光無間歇，箇中非古亦非今。」[33]

信仰觀世音菩薩的人，不限於皈依三寶的佛教徒，也不限於寺院庵堂內人士。無論是都市鄉村，還是深山海濱，幾乎凡有人煙的地方，都有人供養觀世音菩薩的聖像。大家都希望能在觀音菩薩的加被下，永離苦難，一切災殃、苦厄化為塵。

流傳於民間的觀音信仰和思想，內容常具有原非佛教觀音所具有的神通與功能，即在佛教的慈悲觀、善惡有報觀、生死輪迴觀外，還加上儒家的忠孝觀，及道教的咒術、占卜、符籙等方術色彩。例如，在《華嚴經》記載善財童子參學於觀音的勤奮好學，因名字中有「財」，經民間衍化，被賦予「招財進寶」功能，及「觀音借庫」等民間所創的觀音功能。

民間生活艱苦者眾多，普通百姓無暇亦無心思考慮脫離生死輪迴的大事，更關心的是解決燃眉之急，生活中更迫切的課題：生活中的各種需要。所以民間信仰呈現較急功近利。正如「馬斯洛個人需要階梯」（Maslow's Hierarchy of Needs）中提到的，人的需求是有層次的：第一層次：生理上的需要；第二層次：安全上的需要；第三層次：情感和歸屬的需要；第四層次：尊重的需要；第五層次：自我實現的需要。

普羅大眾所需要的是第一層和第二層的需要：安全和溫飽。帝王名士所需要的是尊重的需要，第四層次的需要；修行人在第五層次，自我實現的需要。[34] 所以觀音菩薩照顧到一個國家及一個社會中不同層面、不同人的不同需要。

民間的觀音信仰是獨特的崇拜體系，自成一格。當中特徵是把佛教的慈悲觀念與傳統民間靈感觀念結合。其結合方式是以靈感為本，以慈悲為用，把觀音菩薩塑造成一位「廣大靈感」的宇宙神明、救世主。由於民間沒有經典的束縛，不受專業佛教人員的指導與限制，加上民間有不同於正統文化圈的文化傳統與思惟，使得觀音信仰在民間呈現出隨意、鬆散、通俗、生活化、以「實用」為主的功利化等特色。[35]

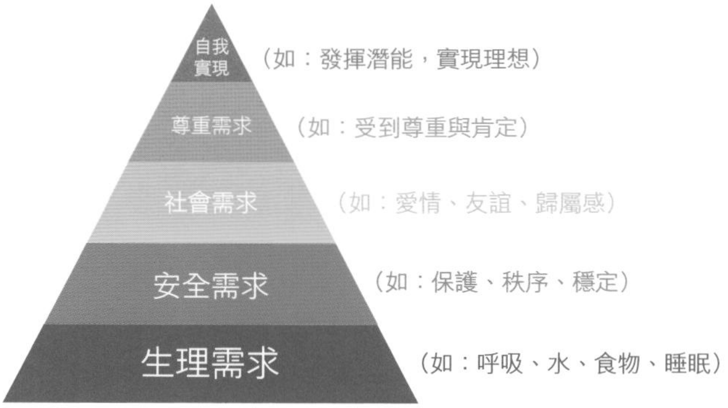

馬斯洛個人需要階梯（Maslow's Hierarchy of Needs）

民間化的觀音誕

佛經上記載的諸位大菩薩，是沒有所謂生日的，只有釋迦如來在人間成佛，在成佛之前為悉達多太子，是歷史人物，有出生記載，所以有今天的佛誕節慶典活動。在中國佛教裏，後世人多把佛誕日定在農曆四月初八，將佛出家日訂在二月初八，佛成道日訂在十二月初八（臘八節），佛涅槃日訂在二月十五。

在一年當中，各佛及大菩薩也各有一天的紀念日，如正月初一日的彌勒佛聖誕；八月廿二日的燃燈佛聖誕；九月三十日的藥師琉璃光如來聖誕；十一月十七日的阿彌陀佛聖誕。大菩薩的紀念日，如二月廿一日的普賢菩薩聖誕；四月初四日的文殊菩薩聖誕；七月三十日的地藏菩薩聖誕。

只有觀音菩薩一年當中有三至四個紀念日，能與佛陀「齊名」。在漢地佛門，觀音誕一年中有三個：農曆二月十九日是觀音的生日；另六月十九日、九月十九日，分別是觀音菩薩的成道日與出家日，俗稱「觀音三會」。

觀音三會原本為佛教寺院的紀念儀式，後來逐漸轉化為大眾參與的民間節慶。慶祝儀式和內容，也非純屬佛教，常為儒、釋、道、民俗及巫教等各家的糅合。此種融合表明觀音信仰已演化成為一種民族風情及文化，具有綜合社會活動的性質，是宗教信仰中的一個重要組成部份，既有民俗性，也有宗教性，並且具儒、釋、道三教之間互動和融和，是很值得觀察和思考的。[36]

沒有一尊佛菩薩如觀音菩薩般受廣大普遍的接受和敬仰，而且民間的觀音信仰混合了各種信仰和風俗，產生一種「和而不同」的情況，讓觀音信仰神聖性與世俗性不斷地相互激盪，同時也長期地共融。觀音信仰在民間，不管是從學術思想立場、信仰實踐立場，或從藝術例如雕塑、繪畫角度，乃至民間習俗角度來看，觀自在菩薩都是流傳最廣，歷時最久的一位大聖菩薩。[37]

像媽祖（和關聖帝君、濟公）等神明，是生前曾活在一特定時代的人物，透過「神話歷史化」過程，使神話中的人物，變成歷史文化的英雄。但以觀音菩薩的情況而言，是同樣的過程，但以逆向發展而進行。觀自在由菩薩變成為孝女妙善，才成為了中國的慈悲女神。[38]

觀音在嚴謹的佛教教義裏，是古佛「正法明如來」，因不忍見在娑婆世界內的眾生受苦而倒駕，作為菩薩（十法界中六凡四聖中的頂級）而且又是菩薩級別中頂級——十地菩薩，修行福慧俱足，近佛境界。然而，當觀音信仰擴展至民間，民間信徒饒有創意，又受儒教和道教影響和啟發，中國民間略過印度正統佛教經典的權威說法，另外為觀音設立了一個身世，最著名的是妙善公主的傳說。

妙善公主的傳說最早見於宋代朱弁（一零八五—一一四四）所著的小説集《曲洧舊聞》中。[39] 妙善公主的故事一直延續，而且將唐代大丈夫相的觀音外形，成功轉型為中國人認為更切合慈悲精神的女性外形。至元初，管道昇（一二六二—一三一九）在此基礎上撰寫《觀世音菩薩傳略》，明初又有

《香山寶卷》(原名《觀世音菩薩本行經》)中國佛教說唱文學文本的出現，其內容亦是以妙善公主修行為主題。

從此妙善修道成觀音的故事為民間普遍接受，並不斷渲染，湧現出大量與觀音菩薩相關的散文和小說等文學作品，及雕刻、繪畫和戲劇等其他形式的藝術作品。在古代民間及現代，無論是對大部份基層老百姓來說，還是對無宗教信仰的各類少數知識分子來說，觀音不再是與印度傳入中國的佛教中的正法明如來，而是中國道教的觀音大士，或非宗教的、民間信仰中的觀音娘娘。

古代民間百姓，不一定有緣聽聞佛法，多透過傳說、傳記、小說、話劇去接觸觀音，甚至生於資訊發達的時代，現代市民往往是由電影作品和電視劇去接觸和認識觀音。而年中的幾個觀音誕辰紀念日，便是以妙善公主的修道成觀音的日子為依據而成為現在我們所知的觀音誕。

在香港，除上述的佛門一年有三個觀音誕，在民間另增設一個，合為四個：二月十九日(降生)、六月十九日(成道)、九月十九日(飛昇)及十一月十九日(入海成水神)。另外，民間還有在農曆正月廿六舉行的觀音開庫，和中秋節及前後一連三天與觀音菩薩有關的舞火龍，都是特別具有香港文化、香港精神和特色風情，都值得我們在這些非物質文化遺產逐漸消失前好好珍惜和認識。

1 李利安：〈儒道思想對中國民間觀音信仰的影響〉，《中國佛學》第1卷第1期，頁329-331；李利安著：《觀音信仰的淵源與傳播》，北京：宗教文化出版社，2008年6月，頁46、405。

2 印順法師：《初期大乘佛教之起源與開展》，台北：正聞出版社，1981年，頁483-484。

3 《妙法蓮華經》第7卷25品〈觀世音菩薩普門品〉：https://tripitaka.cbeta.org/T09n0262_007。

4 李利安：《觀音信仰的淵源與傳播》，頁82、87、212；聖嚴法師：《觀世音菩薩與現代社會》，台北：法鼓文化，2007年，頁46、68-69。

5 李利安：《觀音信仰的淵源與傳播》，頁69、76-77；李利安：〈古代印度觀音信仰的起源〉，2011年7月4日。

6 印順法師：《初期大乘佛教之起源與開展》，頁483-484；印順法師：〈方便之道〉，《華雨集2》，台北：正聞出版社，1981年，頁301-303。

7 印順法師認為初期大乘佛菩薩，主要依佛法自身理念而展開，適應印度神教的文化，而與印度文化相關涉。孫昌武：《中國文學中的維摩與觀音》，天津：天津教育出版社，2005年，頁63；印順法師：《初期大乘佛教之起源與開展》，頁464-465。

8 李利安：《觀音信仰的淵源與傳播》，頁105、110。

9 浙江「普陀山」在宋代以前的文獻中，稱為「梅岑山」。李利安：《觀音信仰的淵源與傳播》，頁404。

10 明．周應賓（1554-1625）撰：《中國佛寺史志彙刊》第009冊，No.8，《重修普陀山志（六卷）》第4卷。http://tripitaka.cbeta.org/mobile/index.php?index=GA009n0008_004。

11 《正法華經》，《大正藏》9冊，0263：http://tripitaka.cbeta.org/T09n0263_010。

12 《觀自在菩薩隨心呪經》，《大正藏》20冊，1103a：http://tripitaka.cbeta.org/T20n1103a_001。

13 《葉衣觀自在菩薩經》：http://tripitaka.cbeta.org/T20n1100_001；《觀自在菩薩如意輪瑜伽》：http://tripitaka.cbeta.org/T20n1086_001；《金剛頂瑜伽千手千眼觀自在菩薩修行儀軌經》：http://tripitaka.cbeta.org/T20n1056；《千光眼觀自在菩薩祕密法經》：http://tripitaka.cbeta.org/T20n1065_001；《十一面觀自在菩薩心密言念誦儀軌經》：http://tripitaka.cbeta.org/T20n1069；《青頸觀自在菩薩心陀羅尼經》：http://tripitaka.cbeta.org/T20n1111_001。

14 John Clifford Holt, *Buddha in the Crown: Avalokitesvara in the Buddhist Traditions of Sri Lanka*, New York: Oxford University Press, 1991, p. 31. "The Sanskrit root *lok*, to see, with the prefix *ava*—, could have the meaning, 'to look out upon', or 'surey'. Thus, the two terms, *avalokita* and *isvara*, when compounded, may be taken to mean, 'Lord who surveys' ".

15 舊譯指唐代玄奘之前的翻譯，新譯指玄奘後的翻譯。玄奘認為鳩摩羅什等古代譯經家是以「達意」為原則的譯法，而他提倡忠於原本、逐字翻譯之譯經新規則。至後代，譯經家每以玄奘所立之定則為法式。舊譯家以後秦鳩摩羅什與真諦為代表，新譯家以玄奘與義淨為代表。

16 自玄奘新譯，譯經家們普遍將觀音菩薩名譯為「觀自在」，然而稱觀音菩薩作「觀世自在」的也多。如金剛智（Vajrabodhi, 669-741）譯：《金剛頂瑜伽中略出念誦經》(http://tripitaka.cbeta.org/T18n0866_001)；唐．善無畏（737-735）譯：《大毘盧遮那成佛神變加持經》(https://tripitaka.cbeta.org/ T18n0848_001)；宋．法賢譯：《佛說聖多羅菩薩經》(http://tripitaka.cbeta.org/T20n1104_001)。

17 唐．玄奘述，辯機撰，季羨林等校註：《大唐西域記校注》，北京：中華書局，1985 年，頁 288。

18 《般若波羅蜜多心經幽贊》卷上 [0524b04]：http://tripitaka.cbeta.org/T33n1710_001。

19 唐．玄應：《一切經音義》卷五 [0900b17]：http://tripitaka.cbeta.org/C056n1163_005。

20 唐．玄奘述，辯機撰，季羨林等校註：《大唐西域記校注》，頁 289。

21 星雲大師：〈人間佛教的慧學〉，《人間佛教論文集》http://www.masterhsingyun.org/article/article.jsp?index=3&item=32&bookid=2c907d4945216fae01454ea67d550275&ch=1&se=4&f=1。

22 《佛說成具光明定意經》[0451c01]：http://tripitaka.cbeta.org/T15n0630。

23 明．周應賓（1554-1625）撰：《中國佛寺史志彙刊》第 009 冊，No.8，《重修普陀山志》（6 卷）第 4 卷。http://tripitaka.cbeta.org/mobile/index.php?index=GA009n0008_004。

24 唐．伽梵達摩（Bhagavat-dharma）譯：《千手千眼觀世音菩薩廣大圓滿無礙大悲心陀羅尼經》[0110a10]，http://tripitaka.cbeta.org/T20n1060_001。

25 唐．不空（705-774）譯：《大慈大悲救苦觀世音自在王菩薩廣大圓滿無礙自在青頸大悲心陀羅尼》[0498c12]，http://tripitaka.cbeta.org/T20n1113B_001。

26 李利安：《觀音信仰的淵源與傳播》，頁 315；孫昌武：《中國文學中的維摩與觀音》，頁 59。

27 孫昌武：《中國文學中的維摩與觀音》，頁 74。

28 《普陀洛迦新志》：http://tripitaka.cbeta.org/GA010n0009_001。

29 孫昌武：《中國文學中的維摩與觀音》，頁 79-80。

30 姜生：〈禳瘟儀式與觀音信仰——以禳痘疹為中心的觀音和泗州大聖信仰〉，《觀世音菩薩與現代社會》，台灣：法鼓文化出版社，2007 年，頁 278-302。

31 原作「處處彌陀佛，家家觀世音」。出自宋．大中德隆禪師（青原下十一世）：「平旦寅曉何人？處處彌陀佛，家家觀世音。月裏麒麟看北斗，向陽棹子一邊青。」參閱《卍續藏．五燈會元》1565．80 冊，卷 16。亦作「家家阿彌陀，處處觀世音」，又作「家家彌陀，戶戶觀音」。明末清初．為霖道霈禪師（1615-1702）：「古也如是聞，今也如是聞。聞見圓明，未嘗欠少。若向這裏見得徹，信得及，領荷得去，則知妄苦本空，玅智本有，靈光獨耀，萬古徽猷。家家阿彌陀，處處觀世音。如或未然，更聽一偈：人人有箇古觀音，相好端嚴悲願深。晝夜放光無間歇，箇中非古亦非今。」參閱《卍續藏．還山錄》1440．72 冊，卷 1。

32 民國．煮雲法師（1919-1986）：《南海普陀山傳奇異聞錄》，https://book.bfnn.org/books/0487.htm。

33 興燈等編錄：《為霖道霈禪師還山錄》卷 1〈鼓山為霖禪師還山錄〉，《卍續藏》第 72 冊，號 1440，[0649c07]，http://tripitaka.cbeta.org/X72n1440_001。

34 Maslow, A.H. (1943). "A theory of human motivation". *Psychological Review*. 50 (4): 370–396.

35 李利安：《觀音信仰的淵源與傳播》，頁 388。

36 釋普正：《觀音道場 千年福地——中國遂寧觀音文化研究》，北京：宗教文化出版社，2010 年，頁 14-15。

37 聖嚴法師：〈觀世音菩薩與現代社會〉，《觀世音菩薩與現代社會》，頁 4。

38 于君方著，陳懷宇、姚崇新、林佩瑩譯：《觀音：菩薩中國化的演變》，台灣：法鼓文化出版社，2009 年，頁 325。

39 宋．朱弁(1085-1144)：《曲洧舊聞》卷 6，清乾隆甲午年刊本，頁 5。書中道：據說最早源於唐代高僧道宣聽天神所講，道宣的弟子義常從道宣處得知，將其記錄下來，後又傳至河南汝州香山的僧人懷晝。蔣穎叔在北宋元符年間（1098-1100）應懷晝之情，將義常的記述「潤色為傳」。

【第2章】

水月空中見

——觀自在般若空性

我也想化作一縷清風，穿透水中，見月的虛空，
披着夜空，在紫竹林旁，與你重逢。
也無別心，只願細看慈容，
沐在這剎那秋月春風，皆付寂靜中……

「菩薩清涼月，常遊畢竟空，眾生心垢淨，菩提月現前。」意謂：菩薩猶如天上月亮，遊於虛空之中。眾生若想與菩薩感應道交，唯修心清淨，去精神上的雜質塵垢，令己心靈沉澱、清淨。菩提月光便會映照現心上，佛性現前。

榆林窟第二窟主室西壁存「水月觀音」(圖：敦煌研究院提供)

佛曲欣賞：
《心經》(《彼岸》)，黃慧音主唱、駱慧瑛獨白

張彥遠（八一五—九零七）作《歷代名畫記》中說周昉（八世紀至九世紀初）筆下的「水月觀音」「衣裳勁簡，採色柔麗，菩薩端嚴，妙創水月之體」。這成為佛教畫中「水月觀音」的標準，長期流行的指標，被稱為「周家樣」。

竺法護在二八六年於長安從梵文翻譯成中文的《正法華經．光世音普門品》沒有提及觀音菩薩的三十三應化身。鳩摩羅什在四零六年譯出《妙法蓮華經．觀世音菩薩普門品》中首次提及觀音菩薩的三十三應化身，但當中是沒有「水月觀音」的。

空中花與水中月

「水月觀音」是在唐代佛教以及觀音信仰本土化後的「產品」，純為中國人所創造的觀音菩薩形象。唐宋時期的中國人逐漸創立了另外一系列的有觀音菩薩三十三應化身。「水月觀音」是其中一個代表作，為唐代宗教畫家周昉於中唐時期（七六六—八三五）所創。唯張彥遠於《歷代名畫記》中記載的「勝光寺有周昉、劉整畫水月觀自在菩薩掩障，菩薩圓光及竹，並是劉整成色。」[1] 已不復存在，所以我們也欠眼福，未能一睹著名的唐代周昉所畫「水月觀音」。

人們用「鏡花水月」[2] 來形容觀音菩薩除慈悲外的另一特質——般若智慧。正如《般若波羅蜜多心經》中的「色不異空，空不異色；色即是空，空即是色」及「諸法空相，不生不滅，不垢不淨，不增不減」的緣起性空境界。唐人寫畫多有創意和優美的表現，這是品味的高度及體會的深度，精準而簡約的表現。

據王惠民的研究，敦煌石窟現存「水月觀音」壁畫共計三十幅。另在藏經洞出土紙及絹畫「水月觀音」畫像六幅。以榆林窟第二窟的兩幅「水月觀音」圖像為代表作。「水月觀音」是「世間所繪觀水中月之觀音」，是漢傳佛教三十三觀音之一。而三十三觀音中，只有白衣、葉衣、青頸、延命、多羅尊和阿麼提等少數幾個觀音見諸漢譯密教經典，餘為中國、日本和朝鮮在唐及以後民間流傳、信奉的觀音，沒有經典依據。如民間說觀音勸化事蹟中的馬郎婦觀音，便是唐朝元和十二年（八一七）觀音在陝右[3]的化身，以後列為三十三觀音之一。[4]

確實，筆者過去十多年來每年到訪敦煌千佛洞及安西萬佛峽一至三次，或公幹，或私訪，特別醉心榆林窟的寧靜。每次到訪都見榆林窟雲淡風輕，河道彎彎，流水潺潺。如此那般純粹，那樣輕淡。我也配合，假裝瀟灑，怕再離別太牽掛。雖知娑婆中的偶遇與重逢，都不必掛礙。萍水相逢本無意，故臉上無情，心卻悸動，蕩漾着暖暖的滿腔溫馨。

在敦煌壁畫中出現多幅「水月觀音」畫像，分別保存在敦煌莫高窟、安西榆林窟、東千佛洞以及肅北五個廟中。現存五代、宋和西夏繪便有二十七幅，在晚期敦煌石窟藝術中佔有重要地位。由於這種當時新觀音形象深受人們的喜愛而廣為流傳，甚至傳入朝鮮和日本。民間傳說供奉「水月觀音」像可消災去禍，這也也是「水月觀音」廣為流傳的一個原因。[5]

榆林窟第二窟主室門旁南壁的「水月觀音圖」中，觀音頭戴金冠，肩披長髮，佩飾瓔珞環釧，腰繫長裙，顯現在巨大而透明的光環之中，左手緊拈串珠，若有所思的坐在水邊的岩石上。水中有一對承足蓮華，一側的岩石上擺放着花盤、柳枝和淨瓶。背後的石柱高聳、祥雲輕擁虛空，環繞娑婆。石縫間生出修竹，空中鸚鵡雙雙飛舞。前方有一天女，雙手合十禮拜觀音。觀自在的姿態優美，衣紋線條極之細密流暢，富韻味和充滿了質感。

處處皆有流泉池

周昉創的「水月觀音」構圖中，為何會出竹子山石呢？依《華嚴經．入法界品》中記載，善財童子拜見觀音所居普陀洛迦山的情景：「爾時，善財童子……漸漸遊行，至光明山，登彼山上，周遍推求，見觀世音菩薩住山西阿，處處皆有流泉、浴池，林木鬱茂，地草柔軟，結跏趺坐金剛寶座，無量菩薩恭敬圍遶，而為演說大慈悲經，普攝眾生……。」6

筆者認為「水月觀音圖」，視覺上提供一個意境優美靜謐的空間和氛圍，「水月觀音」慈容和姿態溫婉細膩，氣質高雅清幽靜謐，令觀者自然憶念起《般若波羅蜜多心經》中「照見五蘊皆空，度一切苦厄。」的覺悟境界，令人儼如沐浴於「心無罣礙」的境界。更有「眾人皆醉我獨醒」的感覺，同樣大家都在娑婆世界，另一些迷醉癡愛名利貪欲的眾生，則仍浮沉在無邊苦海中。也是《華嚴經．入法界品》中所提醒的：「遠離眾惡，修諸善行，智慧成滿，淨如虛空。」7

榆林窟第二窟主室西壁繪另一身「水月觀音」，在月色朦朧中正悠閒自若地靜坐於寶座上，猶如一位華麗貴夫人，身倚靠山石，山後有竹林環繞，觀音被籠罩在透明的光環中，正昂着頭，望着天邊那輪被雲彩遮擋的彎月，面前有流水淙淙，水中盛開着蓮華朵朵，猶似正沉浸在這個月夜幽靜的世界中，凝神遐思，又似乎細聆聽着流水聲、或是世間民生的疾苦，以慈悲的胸懷隨時去解救受苦受難的人們脫離苦海。

在畫面右側正中還繪製了一個天真可愛的善財童子，正騰雲駕霧的趕來向觀音朝拜，右下角繪有著名的唐僧取經圖。整個畫面是以一種清新淡雅，用上大量石青和石綠等冷色調，來表現十地菩薩的清涼境界，令畫面格外顯得寧靜素雅。這裏的「水月觀音」畫像不僅僅是作為人們參訪禮拜的對象，而且也成了大家欣賞的對象。當我們看到這樣的清淨畫面，雖未能領悟，但也可想像到觀音菩薩所處的深曠清淨的境界／法界。

這種視覺的接觸，能令人由心生起摒棄世間雜念的決心，發願要學習觀音菩薩，悲智雙運，福慧雙修，早日同登清涼境地。這幅畫以刻意表現出的色彩與形象美來吸引人們，恰恰符合了隱士文人及禪宗思想修行人所追求超然獨醒，遠離塵囂的情趣和意境，也將「佛國天界」借助於畫匠之手淋漓盡致地表現出來。[8]

榆林窟第二窟主室西壁這兩幅「水月觀音」圖像，相對而不相同，同樣精美，各有精彩。畫中的岩石，翠綠和雲彩等具有濃厚的裝飾性，而且對稱統一，畫中描繪山水的方法充份體現了南宋山水畫技法特點，堪稱佳作。[9] 所以，白居易(七七二—八四六)〈畫水月菩薩贊〉中讚揚：「淨淥水上，虛白光中。一睹其相，萬緣皆空。」將菩薩於水月意境，與緣起性空的境界巧妙地表達，不但是營造出畫面上視覺美，更達喻意之深遠，呈現空靈境界。透過眼睛，直達心靈；透過顏色、技法，觀見虛空。

文學與書畫等藝術可以美化我們的生活，更可提昇心靈層次。據《大莊嚴論經》云：「又善知裁割，刻雕成眾像，文章與書畫，無不悉通達。」佛教與藝文從古至今一直緊密結合。藝文的感染力能夠形塑思想，透過各種藝文創作，讓觀賞者在潛移默化中熏習佛法智慧，三藏十二部教典中的真、善、美便自然而然地進入心靈。

榆林窟第二窟「水月觀音」中見善財童子（右中）及「唐僧取經圖」（右下）。（圖：敦煌研究院提供）

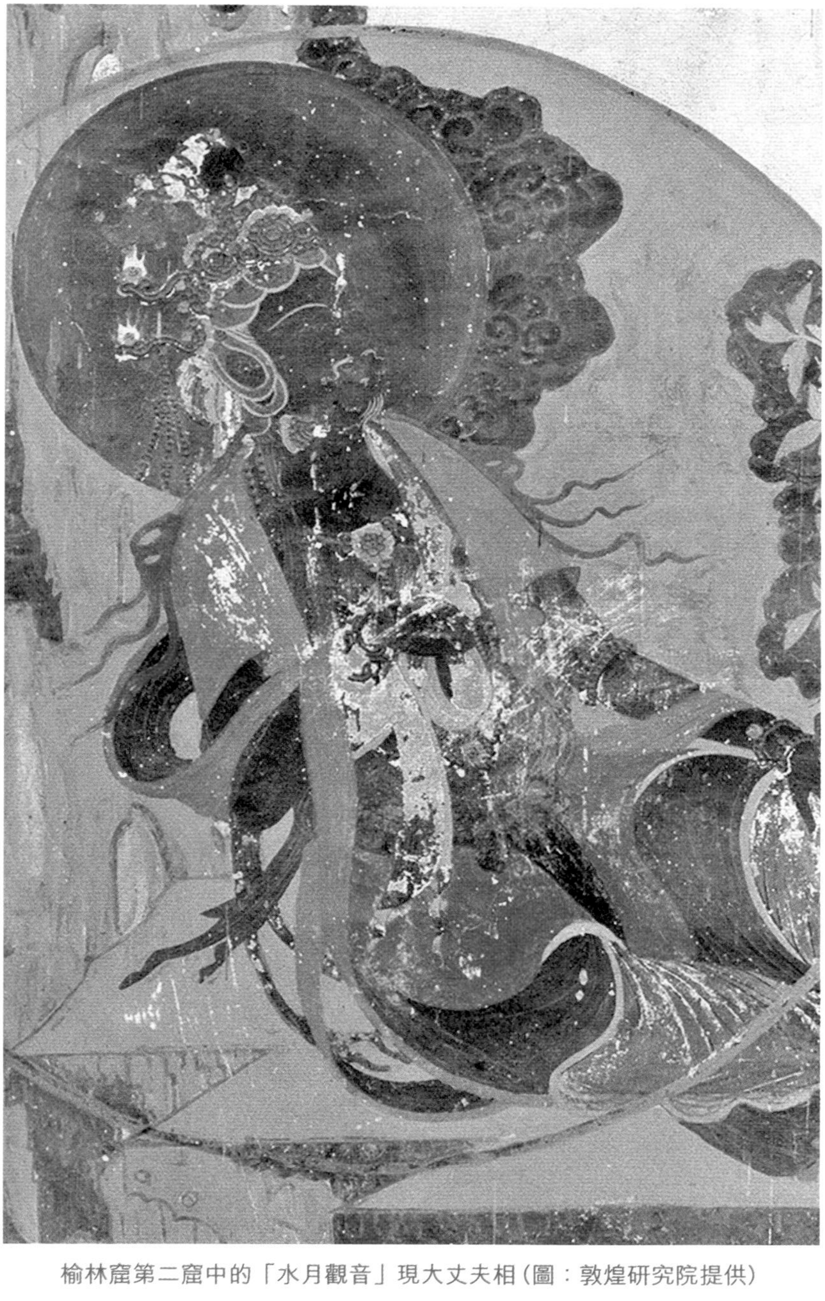

榆林窟第二窟中的「水月觀音」現大丈夫相（圖：敦煌研究院提供）

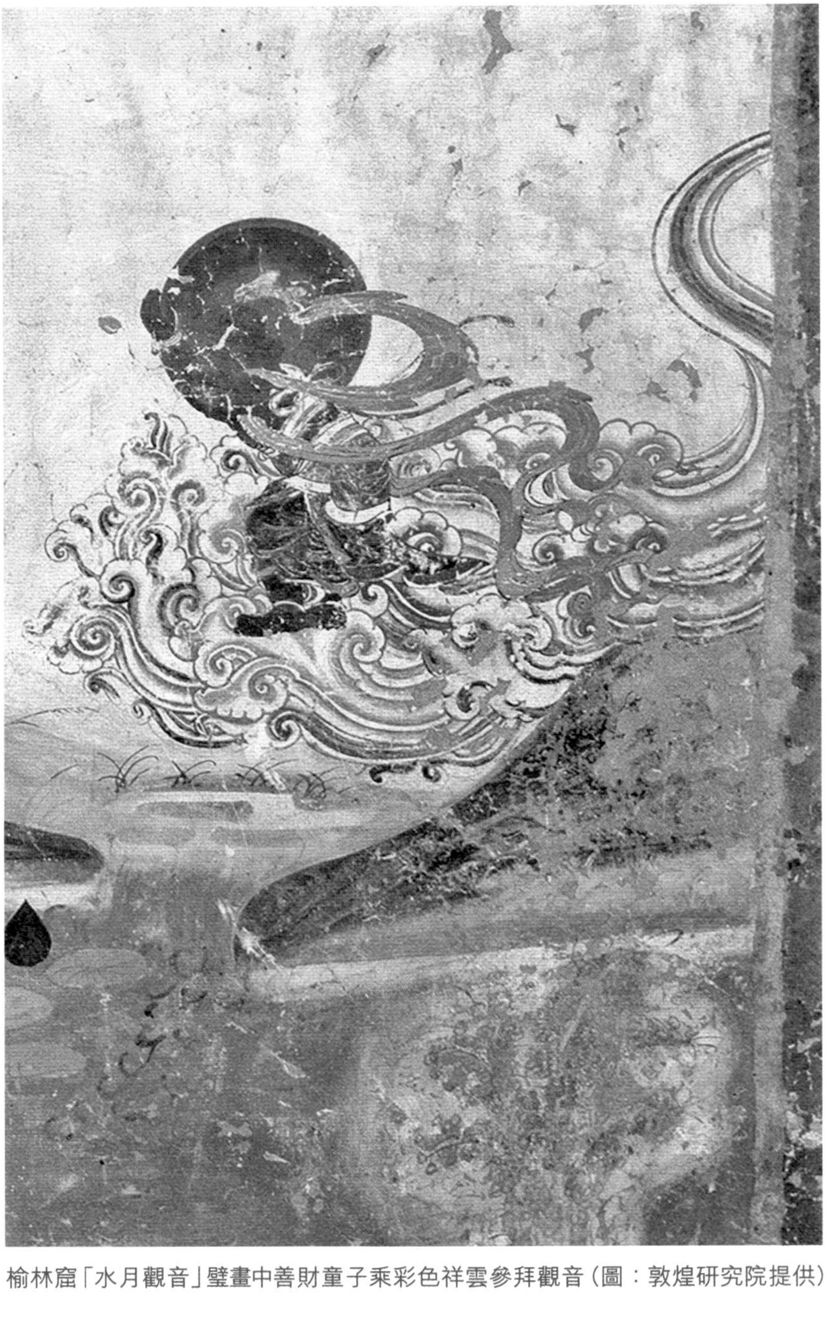

榆林窟「水月觀音」壁畫中善財童子乘彩色祥雲參拜觀音（圖：敦煌研究院提供）

如夢影如水中月

水、月，或水中月是常見的佛教譬喻，來表達世間的無常和無我，與世間一切皆無實在性而說。我們在人生中看得很重的東西如：名聲、權力、金錢、愛情、親情、甚至自己的身體等，其實，都是虛幻無常，只是暫時的假合現象。《大智度論》第六卷：「解了諸法：如幻、如燄、如水中月、如虛空、如響、如揵闥婆城、如夢、如影、如鏡中像、如化。」[10]《華嚴經》：「觀察五蘊皆如幻事，界如毒蛇，處如空聚，一切諸法如幻、如焰、如水中月、如夢、如影、如響、如像、如空中畫、如旋火輪、如虹霓色、如日月光，無相無形。」[11]

觀自在菩薩不忍見眾生不斷無知地受苦而穿梭娑婆，聞聲救苦，自去自來、自出自入，不被輪迴所困。所以祂可以如此清涼、如此自在，獨坐紫竹林中水邊岩石上。我想像觀自在菩薩若有所思的神態，所思內容：山中明月，遍照十方，我不應獨醒，願諸位如虛空中明月，冷靜清醒；我無畏，與你同行，給予救助，成你所願，只願你也早日覺醒，遠離娑婆，登清淨處。

在《八大人覺經》裏有四句：「菩薩布施，等念怨親，不念舊惡，不憎惡人。」這幾句話從字面上很容易懂，主要提示我們，菩薩應如何行布施、如何修行。一個有智慧的人如何布施？布施不一定只有捐錢和捐物質，才是布施。布施的意義很廣泛。可以是一個微笑、一句忠告、一些便利等。而且是不求回報的付出，不分親疏，才是純正的布施。

佛教的布施是平等布施，布施以後，自己不會覺得懊悔或煩惱，反而會覺得歡喜。所以說「喜捨」，「捨」是「平等」，就是「眾生平等」，以平等心歡喜地布施，「捨」了以後，就會有所「得」，所以又說「捨得」。今天社會，做好事的人很多，但能以一個平等心來行布施，才是真正有智慧的布施，才是學習菩薩平等布施的觀念，並身體力行來幫助他人。

菩薩的布施，是「等念怨親，不念舊惡，不憎惡人」，一個有慈悲的人，是不會有敵人的。一個有智慧的人，是不會有煩惱的：如你和他有冤仇，他不會記恨；你是壞人，他也不會恨你，他只想到你很痛苦，願意給你幫助。所以，我們行布施，不必去分別、計較受惠的對象是不是跟我同一個宗教信仰？是不是我的同鄉？是不是我的朋友？因為真正的布施要「無緣大慈，同體大悲」，才是菩薩的慈悲布施。《八大人覺經》中這四句，給予我們在生活上實踐慈悲的好方向。能有生活中能悲智雙運，便能自利利他，自樂樂他，互相成就，互相圓滿。

五代時期出現的「水月觀音」為男性形象，面有髯鬚。宋代時期人們對「水月觀音」的崇拜已深入到民間各個階層，表現形式多種多樣，出現的「水月觀音」形象已演變為貌似女性的美男子形象甚至後來完全的女性形象，面容柔美，體態婀娜，雍容典雅，而且充滿着智慧和慈愛，能表現出觀音菩薩慈悲與智慧並重，莊嚴而親切。

觀音水月光菩薩

《水月觀音經》[12]為中國人所撰佛經，即非佛所說的「偽經」及「疑經」，所以一直沒有被收錄在歷代增編的《大正藏》中。[13]直至現代，被佛教學者編入《漢文大正藏》的《藏外佛教文獻》中。《水月觀音經》內容只有撮要和整合有關觀音菩薩經典中的主要經句，精簡幾句，附相關的敍述要比經文長。《水月觀音經》內容如下：

爾時若有比丘、比丘尼、優婆塞、優婆夷、童男、童女，一切識情，種種人民，欲誦持念《大聖觀音水月光菩薩經》名者，於諸眾生，起慈悲愍，先當從我發如是願：[14]

南無大悲觀世音，願我速證一切法。
南無大悲觀世音，願我早得智慧眼。
南無大悲觀世音，願我速度一切眾。
南無大悲觀世音，願我早得善方便。
南無大悲觀世音，願我速乘般若船。

南無大悲觀世音，願我早超於苦海。
南無大悲觀世音，願我速成戒足道。
南無大悲觀世音，願我速會無為舍。
南無大悲觀世音，願我已同法性身。

若值刀山處，刀山自摧鋒。或向火湯裏，火湯雲消滅。若遇地獄者，地獄或竭枯。或若向餓鬼，餓鬼自飽滿。或向阿修羅，惡心自調伏。若向畜生間，得其大智慧。[15]

發如是願已，志心稱念：我大慈大悲聖觀自在菩薩摩訶薩廣大圓滿無礙悲心陀羅尼，願救法界一切苦，能滿眾生於覺道。

這經其實是以《千手千眼觀世音菩薩廣大圓滿無礙大悲心陀羅尼經》內容為依的精要，以「願我速證一切法……願我已同法性身」等句為其主要內容。[16]

木雕「水月觀音」菩薩像，現藏於美國大都會博物館（The Metropolitan Museum of Art）。（郭宜葳攝）

「水月觀音」，現藏美國大都會博物館
（The Metropolitan Museum of Art）。
（郭宜葳攝）

誠如星雲大師言：「把自己的幸福建立在別人的痛苦上，是最自私的人；若能犧牲自己的利益去建立別人的幸福，就是大慈大悲的菩薩行。」[17] 這發菩提心、大悲願，意義在於自我終極的悟覺與拔贖。通過個人的修習、證覺和解脱，引發起與觀音慈悲相契相應的效果，行種種善巧方便，利益種種有情，同證覺醒。

世間的一切現象，包括人、事和物等，皆有生有滅，不圓滿、不究竟的。只是四大（地、水、火、風）假合，暫時存在而已。在佛、菩薩的眼中，這些名利愛恨，都不值得浪費時間去糾纏。三界如火宅，應速離輪迴之苦為上策。世間的所謂美好，都短暫不真的。如《金剛經》中説：「一切有為法，如夢幻泡影，如露亦如電，應作如是觀。」

後頁附圖是饒宗頤教授在他九十五歲高齡寫的一件巨型書法作品，該作品在同年於敦煌石窟文物保護研究陳列中心展出。筆者有幸參與盛會。作品中寫道：「一切有為法，如夢幻泡影，如露亦如電，應作如是觀。法京處藏唐拓以永徽四年太宗溫泉銘最為冠冕。其餘斷璣碎璧，若歐陽化度寺塔銘僅剩殘簡。而長慶四年柳公權為右街僧錄準公書金剛般若波羅蜜經為完整足本，十分可貴。拙著已詳細考証，是經述世尊説法為筏喻者。法尚應舍，何況非法、非非法。一切賢聖皆以無為法，為人演説，不取於相，如如不動所揭櫫。此四句偈，一切世間天人聞説，皆大歡喜，廣種善根，而得無量福德。余一向主張天人互益，故以盈尺大字重書之，以作龜鑑，非敢以擅寫柳體自炫也。青龍庚寅，九十五叟選堂并題。」

饒公題句當中的「法尚應舍，何況非法、非非法」、「一切世間天人聞說，皆大歡喜，廣種善根，而得無量福德」和「天人互益」特別令筆者感到欣喜，輕輕的語重心長，我們要好好諦聽、珍惜、學習、實踐。法，佛法，世上最珍貴的、無形無相、遍滿虛空的法，還須放下，何況其他人世間以為重要的財富、美貌、名聲、美食、地位等。

一切有
為法如
夢幻泡
影如露

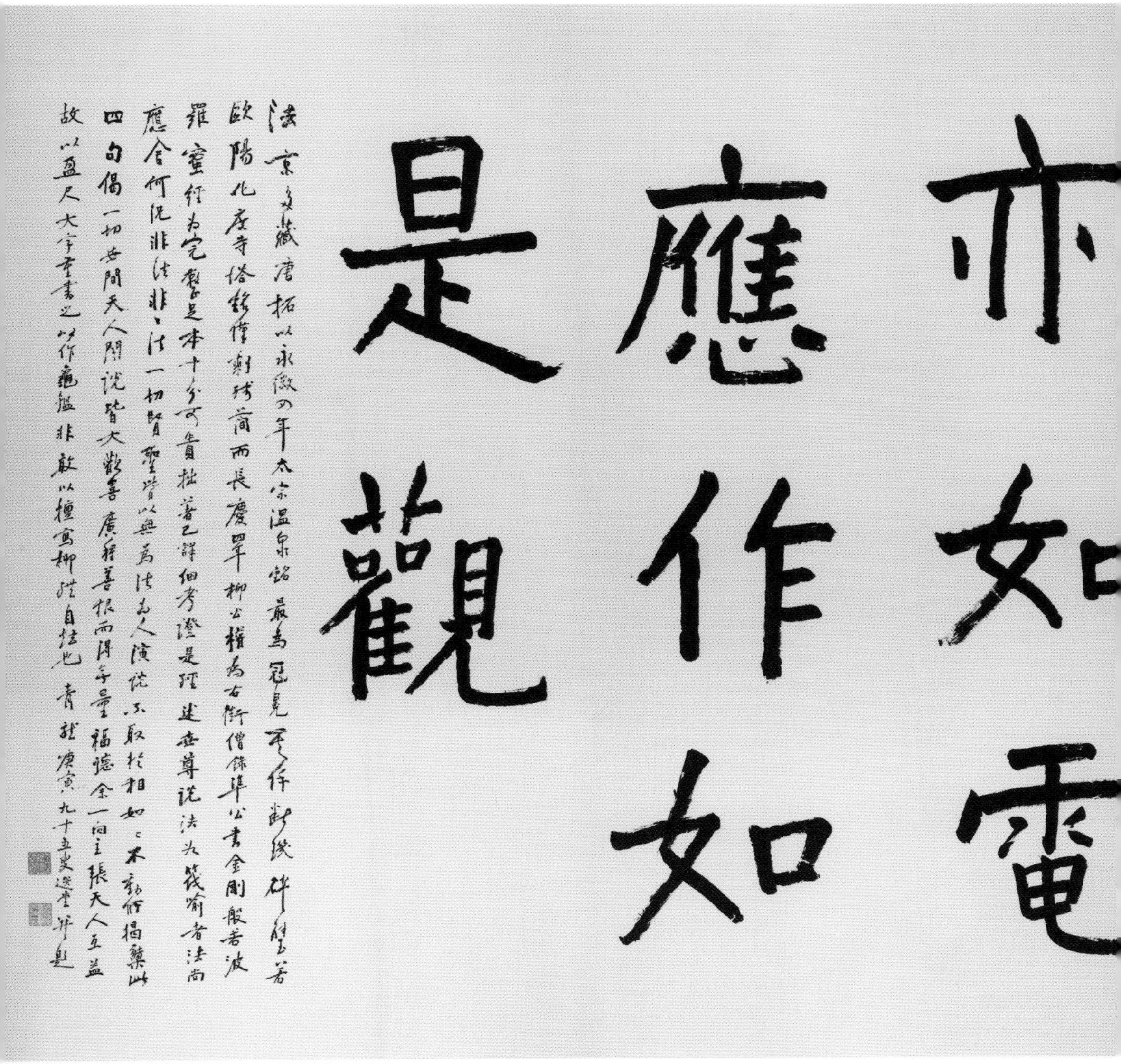

饒宗頤教授題《金剛經》四句偈（230 x 552 厘米；圖：香港大學饒宗頤學術提供）

香港佛光道場內「水月觀音」像
（圖：駱慧瑛攝於 2020 年仲夏）

觀自在般若空性

唐三藏玄奘法師譯在龍朔三年（六六三）十月完成譯出他人生中最後一部佛典《大般若波羅蜜多經》。即是現在大家都能朗朗上口，甚至倒背如流的《般若波羅蜜多心經》[18]，簡稱《般若心經》或《心經》。[19]《心經》只有短短二百六十字，卻是整部六百卷《大般若波羅蜜多經》的精髓。

經文首先說：「觀自在菩薩，行深般若波羅蜜多時，照見五蘊皆空，度一切苦厄。」經內蘊藏世界萬象本質為緣起性空、無常、無我、般若空性的智慧。實在不知道世上有多少人能做到。然而，我們可以知道，這難行能行、難得能得的般若空性、般若智慧，觀自在菩薩早已成就，早已做到了。

世間上的一切現象（人、事、物），沒有可以獨立存在的，都是相互依存，相互依存就是空性，也就是緣起性空。星雲大師說：「般若可以改善我們的生活，提昇我們的思想，淨化我們的人生境界。……一樣的生活，有了般若就有不同的體會。」[20]

那就是「平常一般窗前月，才有梅花便不同。」[21]的境界，有禪、有般若的生活和人生，一樣有生、老、病、死、愛別離、怨憎會等問題，但是有了或多或少對的空性認知，有了或多或少的般若智慧，那在同一樣的生、老、病、死、愛別離、怨憎會等問題前，不再如前無知地痛苦。

因為我不們明白無常是正常的現象，認知以後，像防疫般，在困難面前，我們可以選擇不再恐慌，而是積極面對，繼續處理，然後放下。心靈也因修煉而變得強壯，處理人生中的大小風浪時，因有般若智慧，問題迎刃而解，心輕了，安了。便少煩少惱。

所以般若智慧是很實用的。星雲大師道：「般若的人生，是要有般若智慧的；有一些想法，不是一般世俗的。般若就好像一個人的氣質一樣，有般若的氣質，般若的思想、般若的語言、般若的行動，表現出來，就是般若的人，就是有智慧的人。」[22] 大師又說：「『般若』是佛法的中心，是我們生活的心要，追求般若、得到般若，就能心無罣礙，自由自在！」[23]

般若可從三個層次來認識：一、文字般若：藉由文字、繪畫及雕刻等圖像所呈現及傳遞的般若慧；二、觀照般若：對文字及圖像所表達的般若，有人所認知和理解，並進行深入思惟和觀照，從而對宇宙及人生的運作有真實的領悟；三、實相般若：實相就是一切諸法的真實面貌，通過空性體證而照見「本來面目」，這不僅是現象萬物的真實相，也是每個人的真實相，無論說無相、實相、真心、佛心、般若、法身，都在說同一「實相」。

清淨靈氣的香港心經簡林（圖：出自周兵導演《百年巨匠饒宗頤》紀錄片）

身心自在的般若

觀自在菩薩的修行與成就已到了「行深般若波羅蜜多」的境界，這表示祂的修行已達至高無上圓滿境界。也就是說，祂的般若智慧，已經達到「般若波羅蜜多」了。換言之，是已由「文字般若」到「觀照般若」，再證入「實相般若」的階段；達寂照不二。

寂，是不動，如如不動；照，是功用。儼如鏡子，無有分別，如實反映，沒有主觀看法而起的偏差。又如天上月，不起分別，映現在大江、大海、大河、小溪、家中盆子、杯內湖、甚至只是手心捧着的一瓢水中等，一一呈現，無分遠近，「千江有水千江月」，心之反映，月為證，水為鑑，不再以假合為真有，不再以虛幻為實有。

很多人知道觀自在菩薩的大慈大悲，較少提及祂的般若智慧。觀自在菩薩在靜謐的般若智慧內，能悲智雙運，同時運用般若智慧作教化，及用慈悲作救度，對祂來說，這是寂照不二的時刻，也是自在無礙的時候，有別於凡夫，說到幫助別人，會覺得費勁麻煩、浪費時間、無能為力等。

觀自在菩薩則能自在無礙，無分你我、沒有覺得自己在付出。「行深般若波羅蜜多」的時候是甚麼時候？就是「能所雙亡」——沒有「我是能度眾生的菩薩」，沒有「你是我所度的眾生」。菩薩不是靜靜地、高高地坐在廟內給人禮拜的，菩薩是活潑潑地來去自如地為人服務，在人間布施歡喜，是為着人間的善美而勤勞工作的行者，所謂「千處祈求千處應，苦海常作渡人舟」。[24]「能」和「所」，所謂「主導」和「受惠」之別。例如，我「能」授課，你們是「所」聽課的人；我「能」煮飯，你來吃「所」煮飯；我「能」喝茶，茶為我「所」喝；我「能」穿衣服，衣服為我「所」穿。「能」是做的主動，「所」是被動。菩薩能所雙忘，把主客的對待關係忘記了，把我、把你也忘了，把本體和現象都忘了，即本體和現象融為一體。

也正是達《金剛經》中所述「三輪體空」的般若空性境界。能所雙忘，淨穢不分，能觀察的智慧與所觀察的境界，融為一體了，沒有對立面，是實相般若現前的時候。這也是「行深般若波羅蜜多，照見五蘊皆空」的時候，菩薩修行至功行圓滿的時候。

「菩薩清涼月，常遊畢竟空，眾生心垢淨，菩提影現中」[25]，菩薩如天上一彎明月，那裏有水，那裏映現。天上有月亮，湖裏面就有月亮；天上有月亮，茶杯裏面也有月亮。月亮不偏心，只要水清淨，便能映現出月亮。同樣的，只要我們眾生的心裏清淨，菩薩也會與我們相應，在我們心裏現起。如現代的互聯網的連線，又如Wifi信息接收的強弱般。所以，我們要得到菩薩感應道交，先要從清淨自性開始，除貪、瞋、癡、慢、疑等心靈上的雜質，回復平靜、平和、無我、無他的心。

六波羅蜜的前五度：布施、持戒、忍辱、精進、禪定，如果沒有第六度的「般若」作引導，皆仍只是世間法，不是佛法。佛法是無形無相的功德，而世間法則非無相的功德。因此，行布施、持戒、忍辱、精進、禪定，重點是要有「般若」，才能波羅蜜，才能得度，這是佛法的大乘菩薩道。[26]

人生是一場有喜有悲、有甜有苦、有高有低、有合有離的一場旅程。活在娑婆世間終免不了三苦八難，遇到挫折與風浪，起大八風，如果沒有般若作導航，沉浮苦海中掙扎，何以得自在？般若為智慧之母，若我們能加以認識、學習和實踐，時時護持，刻刻觀照，日久有功，自然在行住坐臥之間，念頭，一動一靜之處，終漸能身心自在輕安，處處結得善緣，自然吉祥如意。

饒宗頤教授一九九八年繪畫的敦煌觀音，上題：「佛無定相，云何可畫，從心着筆，從筆着相，因楮見筆，因筆見心，心亦何有，無乃歸真，無心無我，即觀世音。」

我們見證的，不是饒教授早年畫的敦煌唐式觀音像的藝術成就，而是饒教授作為學者與藝術家，具有作為學者對真理的認真探究而不生執着，有作為藝術家對善美的追求而踏實應用，還擁有難得少見如禪師般的豁達和從容，這都是認真探討、努力實踐、深思熟慮後再完全放下的灑脫，儼如觀音的自在。

永嘉玄覺禪師（六六五—七一三）的《永嘉大師證道歌》[27] 中載：

一性圓通一切性。一法遍含一切法。
一月普現一切水。一切水月一月攝。

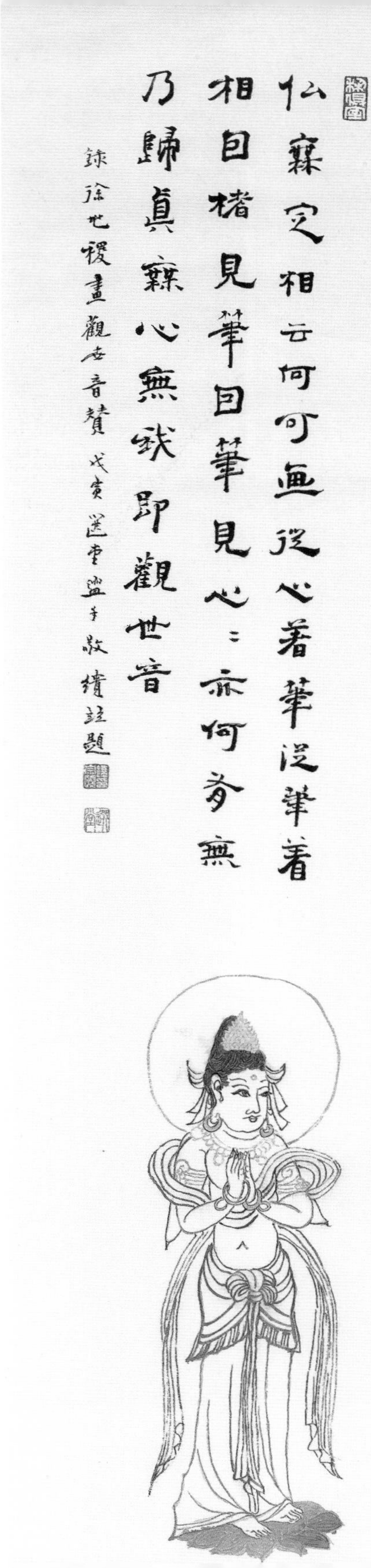

饒宗頤教授 1998 年繪敦煌觀音，並題：「佛無定相，云何可畫，從心着筆，從筆着相，因楮見筆，因筆見心，心亦何有，無乃歸真，無心無我，即觀世音。」（圖：香港大學饒宗頤學術館提供）

志蓮淨苑銅製鋪金箔「水月觀音」像。
法相莊嚴慈愛，衣紋線條流暢，充份展現了空性氣象。
(圖：志蓮淨苑提供)

敦煌藏經洞出土「水月觀音」畫像（圖：國際敦煌項目）

每年農曆六月十九日是一年當中的第二個觀音誕，為紀念有關觀世音菩薩成道這大因緣，藉此成道日，希望大家因而有所啟悟，能如《心經》中的觀自在菩薩，修行甚深，平日多熏習無我和無常的觀念，生活中自然逐漸少煩少惱。他日也達至俱足般若智慧時，如觀音菩薩般照見五蘊皆空，解決所有苦厄，達無掛礙境界。

願大家觀心自在，早成佛道，再為菩薩。覺有情者，上求佛道以自覺，下化眾生以覺他。「一切菩薩皆安住此心，行菩薩行。有大智故不住生死，有大悲故不住涅槃。」[28]

觀自在雖已成佛，但願稱之為菩薩。

1 這也是中國文獻中，有關「水月觀音」的最早記載。

2 成語出處：唐．裴休(791-864)《唐故左街僧錄內供奉三教談論引駕大德安國寺上座賜紫方袍大達法師元秘塔碑銘》：「崢嶸棟樑，一旦而摧。水月鏡像，無心去來。」

3 陝西別稱。

4 王惠民：〈敦煌水月觀音像〉，《敦煌研究》，1987(1)，頁 31-38。

5 敦煌研究院：http://public.dha.ac.cn/content.aspx?id=873884926056。

6 《大方廣佛華嚴經》卷第 51《入法界品》第 34 之 8，[0718a10]，http://tripitaka.cbeta.org/T09n0278_051。

7 同上註。

8 敦煌研究院：http://public.dha.ac.cn/content.aspx?id=873884926056。

9 同上註。

10 《大智度論》第六卷，[0101c08]，http://tripitaka.cbeta.org/T25n1509_006。

11 《大方廣佛華嚴經》第 58 卷〈離世間品〉第 38 之 6，[0306c12]，https://tripitaka.cbeta.org/T10n0279_058。

12 「本經未為我國歷代經錄所載，故亦不為歷代大藏經所收。現在敦煌遺書中發現一號，收藏於中國天津藝術博物館，編號為 4532 號。」參方廣錩(1948-)整理：《佛說水月光觀音菩薩經．題解》，《藏外佛教文獻》第 01 冊，No. 0011，[0349a10]，http://tripitaka.cbeta.org/W01n0011_001。

13 敦煌遺書 P. 2055 尾題所提到的《水月觀音經》，現存天津藝術博物館，館編第 4532 號。

14 《佛說水月光觀音菩薩經》：[0349a19]。

15 《佛說水月光觀音菩薩經》：[0350a05]。

16 唐．伽梵達摩(Bhagavat-dharma)譯：《千手千眼觀世音菩薩廣大圓滿無礙大悲心陀羅尼經》，[0106c14]，http://tripitaka.cbeta.org/T20n1060_001。

17 星雲大師：《人間佛教語錄》。

18 唐·玄奘（602-664）譯：《般若波羅蜜多心經》，《大正藏》第 8 冊，號 0251，http://tripitaka.cbeta.org/T08n0251_001。

19 《心經》的主要部份，即「色不異空……無智亦無得。」源於《大般若經》第 421 卷〈觀照品〉第三之二，與《大品般若經·習應品》第三的內容相同。「是大神咒……能除一切苦」則與《大般若經》第 429 卷〈功德品〉第 32，以及《大品般若經·勸持品》第 34 的內文相符。

20 星雲大師：《般若心經的生活觀》，台北：有鹿文化，2010 年，頁 10。

21 原句：「尋常一樣窗前月，才有梅花便不同。」（宋·杜耒《寒夜》）

22 星雲大師：《星雲大師〈心經〉五講》，上海：上海人民出版社，2010 年，頁 21。

23 星雲大師：《般若心經的生活觀》，頁 10。

24 《星雲大師全集》7，《般若心經的生活觀——透過故事讀心經》下卷（2）。

25 見《彌陀經疏鈔演義定本》卷四，[0778b21]，http://tripitaka.cbeta.org/X22n0427_004；《佛說阿彌陀經疏鈔卷》第二，[0632b01]，http://tripitaka.cbeta.org/X22n0424_002；又《楞嚴經勢至圓通章疏鈔》第一卷作：「菩薩清涼月。常遊畢竟空。眾生心垢淨。菩薩影現中。」[0377a24]，http://tripitaka.cbeta.org/X16n0311_001；並見《大方廣佛華嚴經》卷第 43，《離世間品》第 33 之 8：「菩薩清涼月，遊於畢竟空，垂光照三界，心法無不現。」http://tripitaka.cbeta.org/T09n0278_043。

26 星雲大師：《般若心經的生活觀》，頁 55。

27 《永嘉大師證道歌》，《大正藏》第 48 冊，號 2014，http://tripitaka.cbeta.org/T48n2014_001。

28 《金剛經纂要刊定記》第 7 卷，《大正藏》第 33 冊，號 1702，[0222c05]，http://tripitaka.cbeta.org/T33n1702_007。

【第3章】

慈悲的應驗

——千處祈求千處應

這世上應該不單只有目前那些令人乏力，又不斷增加的紛擾，
我相信還有靜候在不遠處的寄望……
只是生活承載着太沉重的期待，與太長久的忍耐，
唯有觀音菩薩明白我未能啟齒的心聲……

觀音菩薩由佛陀介紹，主要記載經典為《妙法蓮華經》第廿五品〈觀世音菩薩普門品〉。後獨立成單行本《觀音經》。學界認為自北涼沮渠蒙遜病逾後立令而成。筆者透過考證《觀世音應驗記》中提供的資料，認為《觀音經》的出現時代，比傳統說法是北涼沮渠蒙遜（三六八—四三三）年代要早一個世紀。

本篇介紹《觀世音應驗記》中觀音應驗案例作研究，並作數據及圖像的分析。[1] 有關觀音菩薩應驗事蹟的最早文獻記載寫於四至七世紀，記錄觀音應驗經過，名《光世音應驗記》共三卷，都是正式的記錄。自彼以後至現代，已經有無數觀音應驗故事流傳在中國社會，以早期的記載最為珍貴。

青州出土北齊（550-577）觀音菩薩彩繪貼金石像，寶冠中間有一化佛，面相清秀，上着鑲金邊僧祇支貼金瓔珞，足踏蓮臺。（駱慧瑛 2012 年攝於深圳）

隨佛教從中國傳播到日本，現存僅有的《光世音應驗記》手抄本，自日本平安時代（七九四—一一八五）一直保存於在京都青蓮寺。這手抄本至二十世紀的後半部才提供給學者研究。《光世音應驗記》共有三卷，後世合稱為《觀世音應驗記三種》：

1.《光世音應驗記》，謝敷（三一三—三六二）著，一位深居簡出的晉朝學者。最初由十多件案例組成。隆安三年（三九九）遭孫恩之亂後失去部份案例，七個案例由傅亮（三七四—四二六）憑個人記憶重撰。傅亮當時同為東晉（三一七—四二零）劉宋（四二零—四七九）擔任高級官員一職。

2.《續光世音應驗記》，張演（五世紀前半）著，一位為劉宋王朝繼承人的擔任秘書長一職。他繼《光世音應驗記》添撰十件案例，並名為《續光世音應驗記》。

3.《繫觀世音應驗記》，陸杲（四五九—五三二）著，撰文於約五零一年。他當時擔任宜興州長等職務。《繫觀世音應驗記》內載六十九件案例，另外加入兩件補充案例。

《光世音應驗記》中的觀音應驗事件

以下列表分析三卷《光世音應驗記》中有關觀音應驗救人的案例：

表一：《光世音應驗記》中的七個案例

案例	人物	身份	時間	地點	事件	獲救方法
1.	竺長舒	中亞僧侶	晉元康（291-299）	洛陽	竺長舒與其家人從大火中得救	念《光世音經》
2.	帛法橋	僧侶	後趙（319-352）	河北（中山）	如願獲一個響亮聲音得救	七天念光音名號
3.	（三位中亞僧人）	僧侶	後趙石虎死後（319-352）	河北（中山）	當官員要行處死刑之時刀斷得救	念光音名號
4.	竇傅	官員	晉永和（345-356）	高昌	鎖被打開得救	監獄裏念光音名號
5.	呂竦	在家居士	晉（265-420）	浙江天台（始豐）	人們在惡劣天氣的海上遵光得救	念光音名號
6.	徐榮	在家居士	晉（265-420）	浙江（東陽）	人們在漩渦中遵光得救	念光音名號
7.	竺法義	僧侶	晉（約 364）	浙江（保山）	和尚重病得救	念光音菩薩名號，觀音以僧人相出現於得重病和尚夢中

透過以上表格作資料分析，我們在許多不同的方面得到有趣的發現。首先，從《光世音應驗記》案例一，我們得知早在三世紀末，中國洛陽已有來自中亞的（西域）的僧侶。這引證了《洛陽伽藍記》[2]中記載的資料準確，佛教早在四世紀已活躍於北魏首都洛陽。

尤其有趣的是，在這中國現存第一部有關觀世音應驗的正統記錄中，第一個案例除了說明得救人物是西域僧侶，案例發生地點為首都洛陽，另一重要資訊是當時為晉元康（二九一—二九九），所以我們得知早在三世紀末（即竺法護於二八六年在長安從梵文翻譯成中文《正法華經》的十多年後），中國人已將《正法華經》中的〈光世音普門品〉[3]獨立出來稱為《光世音經》。這顯示一般說法稱《光/觀音經》始自北涼沮渠蒙遜時期（十六國時期北涼君主，四零一—四三三年在位）[4]，從《法華經》中獨立出來成為單行本流行一說[5]，還要早足足約一個世紀。

這些記錄同時顯示，一些被救出的人，是由一道光引導他們脫離險境（即：案例5及6）。一些案例形容觀音菩薩以比丘之相出現在夢中（即：案例7）。菩薩示現的方法正如《妙法蓮華經》卷七第廿五品〈觀世音菩薩普門品〉所言：「應以比丘、比丘尼、優婆塞、優婆夷身得度者，即現比丘、比丘尼、優婆塞、優婆夷身而為說法」。[6]

菩薩示現的方法正與經中所描述的形象吻合，救出受苦的人，如：官員要對自己行處死刑之際，卻刀斷而幸免於難（即：案例3）：「若復有人臨當被害，稱觀世音菩薩名者，彼所執刀杖尋段段壞，而得解脫。」[7]

以及人在監獄中鎖被打開得救（即：案例4）：「若有罪、若無罪，杻械、枷鎖檢繫其身，稱觀世音菩薩名者，皆悉斷壞，即得解脫。」[8]

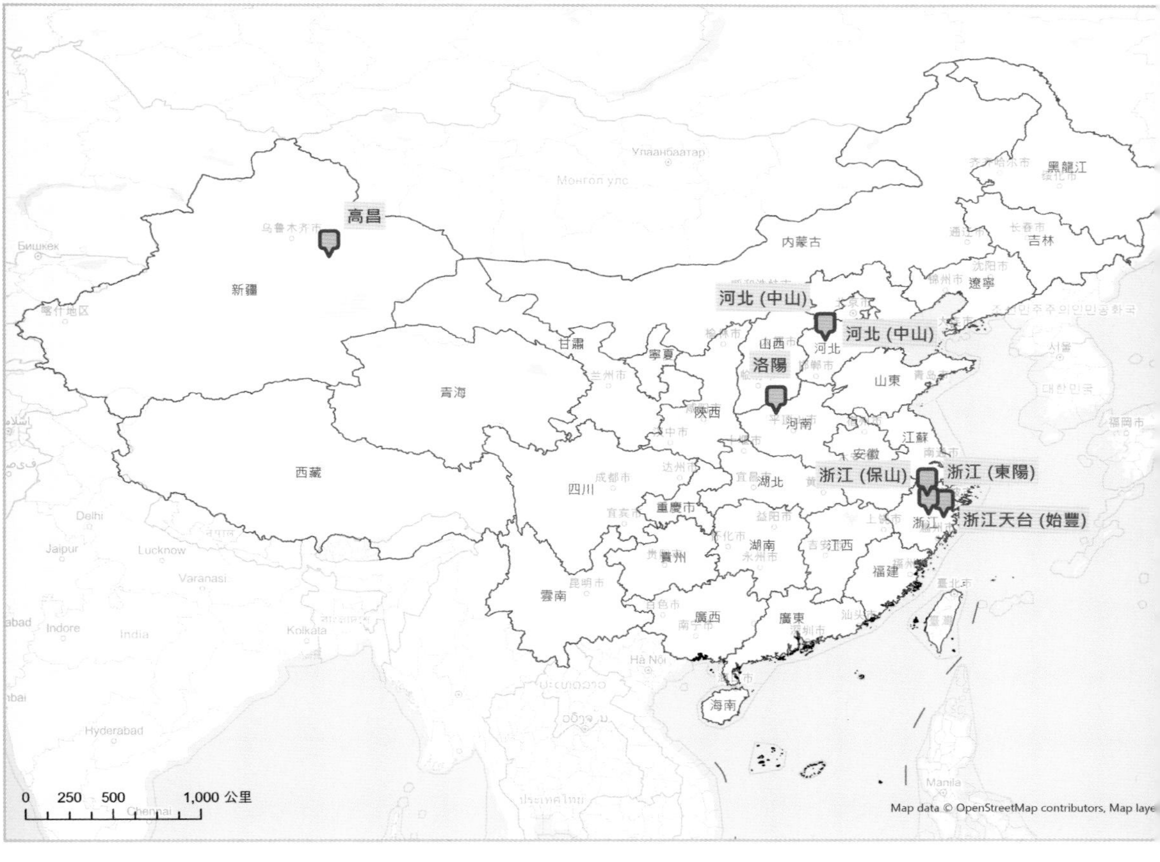

電子版地圖

《光世音應驗記》中的觀音應驗事件案例展示
（圖：香港中文大學圖書館數碼學術研究團隊提供）

表二：《續光世音應驗記》中的十個案例

案例	人物	身份	時間	地點	事件	獲救方法
1.	徐義	將領	晉（265-420）	安徽（淝水）	獲解鎖得救	繫念光音名號
2.	張展	官吏	晉（265-420）	河北（廣寧）	行刑中獲救	繫念光音名號；夢中見觀音開示
3.	惠簡	僧侶	晉（265-420）	河北（荊州）	和尚遭鬼纏，後被釋放得救	繫念光音名號
4.	孫恩二人	在家居士	晉（265-420）	南海沿岸	行刑中獲救	繫念光觀音名號
5.	道泰	僧侶	晉（265-420）	河北（常山）	光音出現，周圍泛金光；重病得救	繫念觀音名號；明白念誦觀音名號等於佈施給其他 62 億菩薩
6.	僧融	僧侶	晉（265-420）	江西（廬山）	光音以官員相出現，惡鬼消失而得救	繫念光音名號
7.	（江陵一婦人）	婦人	南朝宋元嘉元年（424）	湖北（江陵）	光音以一名僧侶相夢中出現；獲解鎖得救	繫念光音名號
8.	毛德祖及家人	軍官及家人	晉（265-420）	甘肅（南朝關口一帶）	毛德祖及家人被追逐敵軍追殺；一場突如其來的傾盆大雨替毛德祖一家解圍脱險	繫念光音名號
9.	義熙	學者	東晉（317-420）	甘肅（南朝關口一帶）	光音以一名僧侶相夢中出現；監獄中獲解鎖而得救	監獄裏繫念光音名號
10.	韓當	在家居士	晉（265-420）	山東（平原）	船在河幾乎沉沒	繫念光音名號

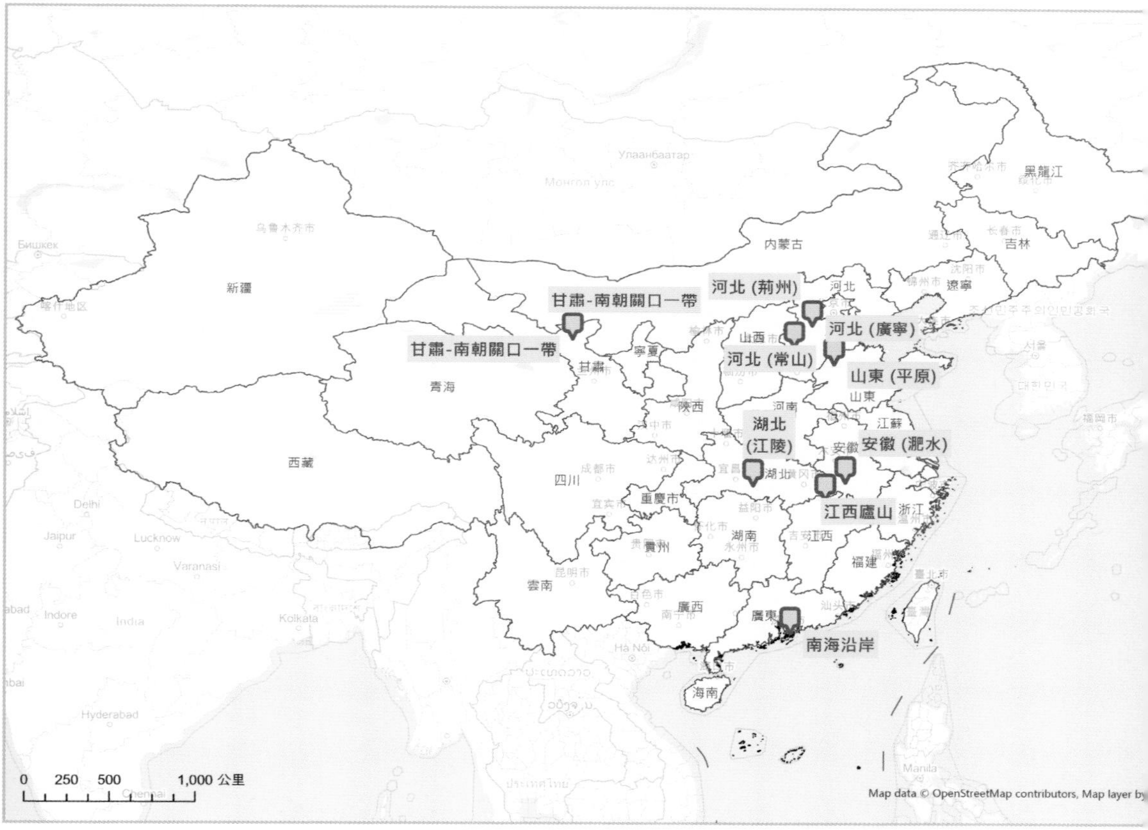

電子版地圖

《續光世音應驗記》中的觀音應驗事件案例展示
(圖：香港中文大學圖書館數碼學術研究團隊提供)

表三：《繫觀世音應驗記》中的 71 個案例

案例	人物	身份	時間	地點	事件	獲救方法
1	法力	僧侶	南朝齊（479-502）	山東（魯郡沼澤）	兩位和尚的性命從大火中獲救	繫念觀音名號
2	法智	僧侶	南朝齊（479-502）	（沼澤）	在家居士從大火中獲救	繫念光音名號（獲救後出家為僧）
3	（吳興郡吏）	郡吏	南朝宋元嘉年間（424-453）	浙江	一屋子人從大火中獲救	繫念光音名號（提到《普門品》）
4	（海鹽一人）	漁民	南朝齊（479-502）	浙江（海鹽）	從大海中獲救	繫念觀音名號（此人原不是佛弟子，獲救後發心出家為僧）
5	劉澄	刺史	南朝宋孝武帝建年間（454-456）	廣州	刺史一家從大海中獲救	繫念光音名號
6	道冏	僧侶	南朝宋文帝元嘉七年（430）	陝西（扶風）	從冰冷的河水中獲救	繫念光音名號；光音出現泛紅光
7	伏萬壽	軍官	南朝宋元嘉 十九年（442）	江蘇（南京）	從大海中獲救	繫念光音名號；光音輕指導岸
8	法純及其他僧侶	方丈及其他僧侶	田東晉元興（402-404）	浙江（紹興）	從大海中獲救	繫念《光世音經》
9	梁聲	居士	南朝齊（479-502）	河北	從大海中獲救	繫念《普門品》
10	（百名胡人）	外國人	南朝齊（479-502）	高棉（東埔寨）	一艘船上的外國人從大海惡鬼攻擊中獲救	繫念《普門品》
11	北方一僧侶	僧侶	南朝齊（479-502）	山西	從搶劫中獲救	繫念觀音名號
12	法禪及 4 名居士	僧侶及 4 名居士	南朝齊（479-502）	長安（關中）	僧侶及四名居士在樹林裏遭搶劫獲救	繫念觀音名號

案例	人物	身份	時間	地點	事件	獲救方法
13	（居士）	居士	東晉太元（376-396）	江蘇徐州（彭城）	行刑中刀斷三次獲救（在脖子後的觀音雕像後被打中三次）	繫念觀音名號
14	（居士）	居士	東晉（317-420）	蜀（四川成都）	行刑中刀斷三次獲救（在脖子後的觀音像後被打中三次，留下三道痕跡）	繫念觀音名號
15	高荀	軍官	東晉太元（376-396）	河南滎陽	行刑中刀斷三次獲救	繫念觀音名號（獲救後發心建塔）
16	杜賀敕婦	軍官妻	宋明帝泰始初年（465-471）	山東益都	刀不能傷夫	繫念觀音名號
17	南公子敖	軍官	南朝齊（479-502）	陝西	多刀不能傷	繫念觀音名號（獲救後發心製造一尊觀音像）
18	慧和	僧侶	泰始、義嘉年間（466）	安徽	刀斷獲救	繫念觀音名號（獲救後發心出家為僧；同時提到《觀音經》及《普門品》）
19	蓋護	居士	東晉（317-420）	江蘇淮安	監獄中得解鎖，依遵光引路離獄得救	三晝夜念光音名號
20	（李婦）	寡婦	南朝齊（479-502）	甘肅 武威（涼州）	見觀音，監獄中獲解鎖得救	十晝夜念光音名號
21	（姓夏庫吏）	庫吏（小官）	東晉義熙（405-418）	浙江會稽	監獄中獲解鎖得救	繫念觀音名號（獲救後發心出家為僧）
22	僧洪	僧侶	東晉義熙十二年（416）	江蘇南京（建康）	監獄中獲解鎖得救	繫念《觀音經》一個月
23	王球	將領	南朝宋元嘉九年（432）	陝西南鄭	監獄中獲解鎖得救	繫念《觀音經》一個月（事後發心茹素）
24	郭宣	高官	東晉義熙十一年（415）	陝西南鄭	監獄中獲解鎖得救	繫念觀音名號十天

案例	人物	身份	時間	地點	事件	獲救方法
25	超達	高官	北魏（386-534）	河北（趙郡）	監獄中獲解鎖得救得救	繫念觀音名號
26	（寺主及眾僧）	方丈及眾僧	北魏（386-534）	河北	數百名僧侶從監獄中釋放	繫念觀音名號
27	王葵	居士	南朝齊（479-502）	山東（大名）	從監獄中釋放	繫念觀音名號千遍
28	高度	勞工	南朝齊（479-502）	山東（臨濟）	監獄中獲解鎖得救	繫念觀音名號
29	天忍	（于闐王女婿）	南朝齊（479-502）	新疆（和田）	監獄中獲解鎖得救	繫念觀音名號
30	（居士）	居士	南朝齊（479-502）	長安（關中）	監獄中獲解鎖得救	繫念觀音名號
31	僧苞	高僧	南朝齊（479-502）	（不詳）	監獄中獲解鎖得救	繫念觀音名號
32	朱齡石	將領兼省長	東晉義熙（405-418）	浙江（湖州）	監獄中獲解鎖得救	繫念觀音名號七天
33	僧儒	居士	南朝齊（479-502）	江蘇（淮安山陽）	監獄中獲解鎖得救	繫念觀音名號多天
34	張省長	省長	南朝宋 元嘉年末（約453）	湖北（荊州）	監獄中獲解鎖得救	繫念觀音名號千遍
35	張達	居士	南朝齊（479-502）	（不詳）	監獄中獲解鎖得救	繫念觀音名號千遍（獲救後發心出家為僧）
36	王穀	小官	南朝齊（479-502）	遼寧（朝陽）	監獄中獲解鎖得救	繫念《觀音經》千遍

案例	人物	身份	時間	地點	事件	獲救方法
37	孫欽	中官	南朝齊（479-502）	遼寧（朝陽）	性命得保	繫念《觀音經》三百遍（獲救後成為佛教徒）
38	唐永祖	高官	南朝宋孝武帝（430-464）	江蘇（南京）	性命得保	繫念觀音名號六個晝夜
39	韓徽	幼宗兄子	南朝宋順帝昇明元年（477）	河北	監獄中獲解鎖得救	繫念《觀音經》百遍
40	彭子喬	高官	前秦建元元年（365）	湖南（益陽）	監獄中獲解鎖得救	繫念《觀音經》百遍（同時提到《觀音經》及《普門品》）
41	（益州一道人）	僧侶	南朝齊（479-502）	四川（成都）	遭搶劫性命得保	繫念觀音名號
42	河北一老尼	比丘尼	南朝齊（479-502）	河北	有聲音從天降，性命得保	繫念觀音名號
43	劉度	居士	西秦乞伏暮末時期（428-431）	山東（陽谷）	西秦王當看到《觀音經》從天降而停止殺戮，眾性命得保	繫念觀音名號
44	慧標	僧侶	南朝齊（479-502）	山東（濟南）	觀音以一名童子相出現，性命得保	念持觀音名號
45	欒苟	高官	南朝齊（479-502）	陝西	從戰亂間的大海中得保性命	繫念觀音名號
46	開達	僧侶	東晉隆安二年（398）	甘肅	性命得保	繫念《觀音經》多個晝夜
47	裴安起	官吏	劉宋孝建初年以前（454年之前）	山西	官吏性命從戰爭殺害中獲救	繫念觀音名號
48	毛氏女	居士	東晉安帝（397-419）	江蘇	從搶劫中性命得保	繫念觀音名號（事後出家為尼）

案例	人物	身份	時間	地點	事件	獲救方法
49	張崇	居士	晉孝武帝太元年（376-396）	陝西	從當地官員殺害中性命得保	繫念觀音名號
50	吳乾鍾	官吏	劉宋（420-479）	江蘇（淮安）	監獄中獲解鎖得救	繫念《觀音經》
51	法智	高僧	後秦姚興（394-416）	（不詳）	官吏性命從戰亂中得保	繫念觀音名號（事後出家為僧）
52	李儒	官吏	東晉（317-420）	河南（滎陽）	戰亂中性命得保	繫念觀音名號
53	道汪	高僧	南朝宋元嘉廿三年（446）	陝西	三百性命從搶劫的道上獲救	繫念觀音名號
54	道明（約444-509）	高僧	劉宋（420-479）	江蘇	搶劫中得保性命	繫念觀音名號（事後出家為僧；提及《普門品》）
55	姓臺居士	居士	南朝齊（479-502）	河南	求子得子	繫念觀音名號（替兒子取名為觀音；提及《普門品》）
56	畢覽	官吏	北燕（407-436）	河南	觀音以比丘相現，令彼戰亂中性命得保並受引路回家	繫念觀音名號
57	邢懷明	將領	宋元嘉年間（424-453）	河南	戰亂中性命得保	繫念《觀音經》
58	苻堅部下八人	戰士	前秦苻堅最後一年（385）	河南	八人從戰亂的森林中性命得保	繫念觀音名號
59	僧朗	僧侶	宋元嘉年（424-453）	甘肅（武威）	僧侶及同行三千人性命得保	繫念觀音名號
60	道冏	僧侶	東晉義熙十二年（416）	河南	僧侶及同行三人從森林中由光引導回家	繫念觀音名號

案例	人物	身份	時間	地點	事件	獲救方法
61	潘道秀	官吏	東晉安帝義熙年間（405-419）	山東（益都）	從戰亂中森林裏性命得保，並受引路回家	繫念觀音名號
62	韓睦之	居士	南朝宋明帝泰始初年（465-471）	江蘇（彭城）	韓睦之的一個兒子從戰場歸家	繫念《觀音經》千遍
63	（老嫗）	居士	劉宋元嘉七年（430）	江蘇（彭城）	其失蹤兒子歸家	繫念《觀音經》
64	池金罡	（不詳）	南朝齊（479-502）	山東	起死回生	繫念觀音名號（提及《觀音經》）
65	道豫	僧侶	南朝齊（479-502）	（不詳）	道豫法師親述一癩人重病得癒	繫念觀音名號
66	（月氏人）	月氏人	南朝齊（479-502）	甘肅	重病得癒	繫念觀音名號
67	惠緣	僧侶	南朝宋文帝元嘉廿六年（449）	山東（益都）	重病得癒	繫念《觀音經》千遍
68	王桃	居士	南朝齊（479-502）	陝西（西安）	在一隻老虎攻擊下性命得保	繫念觀音名號（事後出家為僧）
69	法領	僧侶	南朝宋元嘉年間（424-543）	陝西（秦領）	重病得癒	繫念觀音名號（事後出家為僧；提及《觀音經》）
70	發正	百濟國僧侶	南朝梁武帝天監年間（502-519）	越州（今浙江紹興）	觀音以長者相現	繫念觀音名號（提及《觀音經》、《普門品》）
71	武廣王	王	唐太宗貞觀十三年（639）	百濟國（枳慕蜜地）	大火後佛舍利安然無恙	念誦《普門品》

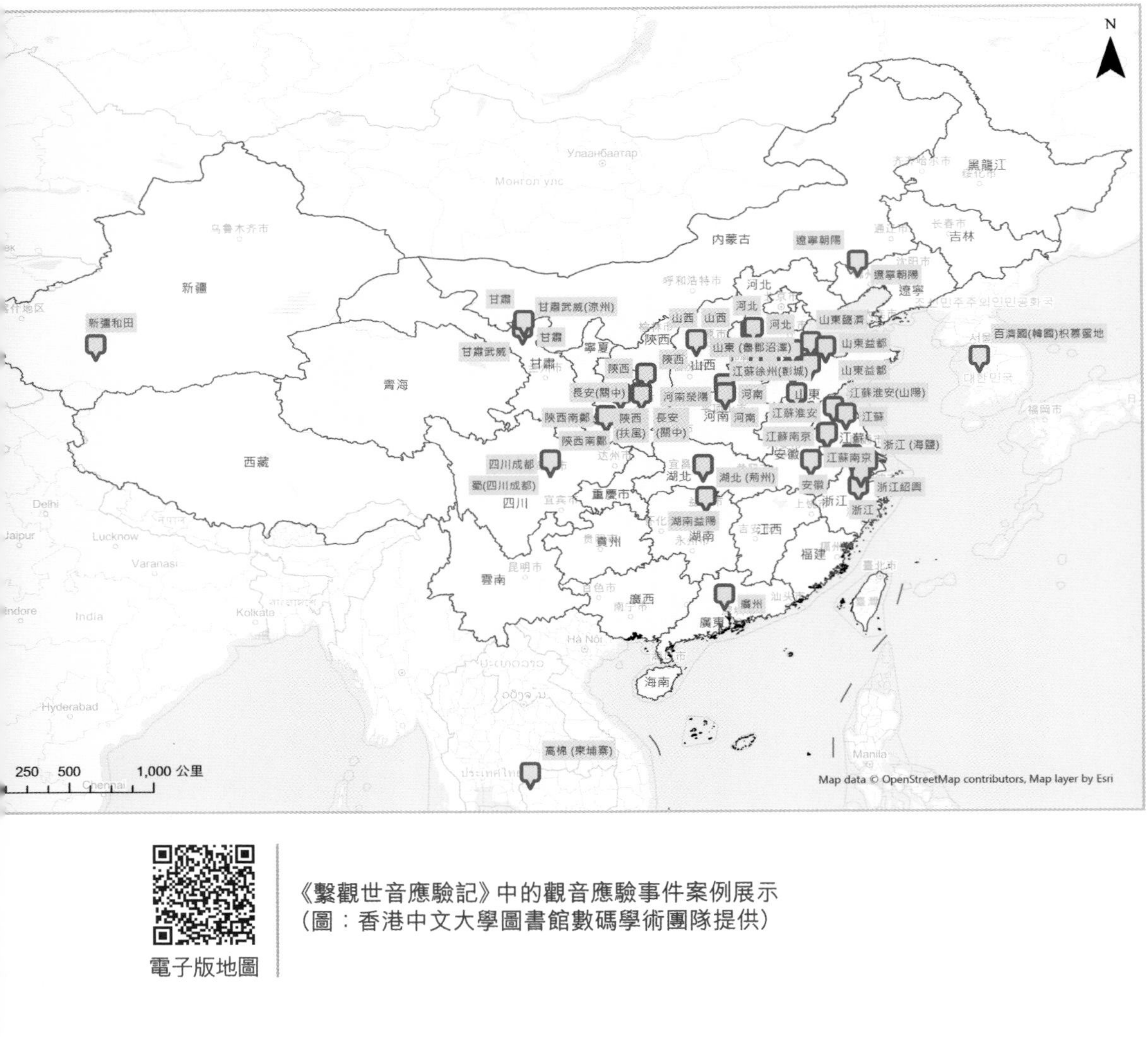

電子版地圖

《繫觀世音應驗記》中的觀音應驗事件案例展示
（圖：香港中文大學圖書館數碼學術團隊提供）

表四：三卷《觀世音應驗記》的記錄分析

		光世音應驗記	續光世音應驗記	繫觀世音應驗記
念誦方法	光世音經	2/7	0/10	0/71
	光世音	5/7	10/10	3/71
	觀世音	0/7	0/10	36/71
	觀世音經	0/7	0/10	36/71
	普門品	0/7	0/10	7/71
獲救人物	僧侶	4/7	3/10	22/71
	尼姑	0/7	0/10	1/71
	王室	0/7	0/10	2/71
	統治者	0/7	0/10	3/71
	將領	0/7	1/10	4/71
	官員	1/7	2/10	13/71
	學者	0/7	1/10	0/71
	男性	2/7	2/10	18/71
	女性	0/7	1/10	4/71
	外國人	3/7	0/10	2/71
地點	洛陽	1/7	0/10	0/71
	河北	2/7	3/10	6/71
	高昌	1/7	0/10	0/71
	浙江	3/7	0/10	5/71
	河南	0/7	1/10	6/71
	江西	0/7	1/10	0/71
	江陵	0/7	1/10	0/71
	甘肅	0/7	2/10	5/71
	山東	0/7	1/10	8/71
	廣州	0/7	0/10	1/71
	陝西	0/7	0/10	8/71
	江蘇	0/7	0/10	11/71
	柬埔寨	0/7	0/10	1/71
	山西	0/7	0/10	3/71
	長安	0/7	0/10	2/71
	四川	0/7	0/10	2/71
	安徽	0/7	0/10	2/71
	遼寧	0/7	0/10	2/71
	湖南	0/7	0/10	1/71
	百濟國	0/7	0/10	1/71
	（海岸）	0/7	1/10	0/71
	（沼澤）	0/7	0/10	2/71
	（不詳）	0/7	0/10	5/71

所陷痛苦	火難	1/7	0/10	3/71
	刀難	1/7	2/10	6/71
	海難	2/7	1/10	8/71
	疾病	2/7	1/10	6/71
	鎖難	1/7	3/10	24/71
	鬼難	0/7	2/10	0/71
	搶劫	1/7	0/10	6/71
	王難	0/7	0/10	3/71
	戰爭 / 森林	0/7	1/10	10/71
	求子	0/7	0/10	2/71
	修行	0/7	0/10	2/71

*** 表中資料依寫本中的出現順序排列；表中標記：內容或詞彙出現數目／案例總數。**

《正法華經》於二八六年（西晉年間）在長安由竺法護從梵文翻譯成中文，中國人從而開始認識觀音菩薩。這正值中國歷史上的三國時期，戰亂動盪。戰爭處處而生活艱苦。《正法華經．光世音普門品》介紹的觀音菩薩，正正是這黑暗時代中的明燈，苦難生活中的希望。從三卷《光／觀世音應驗記》中記錄可見，觀音應驗救命的情況，多發生在僧侶和居士身上，然而，發生在非佛教徒的也不少，多發生在世俗人沒有別的選擇，感覺很無奈，都被鎖起來，並面臨死亡的情況。

他們想到了光／觀音，為生存不得已念持光／觀音名號而獲救。在大多數情況下，他們念持光／觀音名號，也有念持〈普門品〉及《光世音經》的情況，這對苦難眾生起了極大安撫作用。可以推想，於佛教東傳的早期階段，由當時文豪所撰的《光／觀世音應驗記》對觀音信仰引起了呼應和回響，同時也與《光／觀世音經》互為推廣，令觀音信仰得以在社會中迅速流行起來。

在《光世音應驗記》中記錄可見，觀音以一道光出現，或以比丘相在人們夢中出現。在《續光世音應驗記》及《繫觀世音應驗記》中，觀音以一把聲音出現，或以比丘相、將軍、孩童、老人，甚至是觀音自己本尊相出現。也有很多情況是沒有視覺或聲音特徵的記錄，如在一些案例中，只描述監獄中在囚人的鎖開了，或死囚行刑中刀斷了。

在《繫觀世音應驗記》中的七十一件案例，有二十四件案例是有關光／觀音從監獄中開鎖救人。其他有八件案例是有關觀音從大海中的危險救人。其他有七件案例是有關光／觀音從行刑中斷刀救人。這些都是記錄最多的救難情況。這些數字反映了當時社會的苦難類別，以及人們最關心的救難情況。

木雕彩繪觀音菩薩像，宋代（960-1279），
現藏吉美國立亞洲藝術博物館
（Musée national des arts asiatiques-Guimet）。
（駱慧瑛攝於 2009 年春）

觀音信仰在中國的傳播與分佈

從以上表格分析三卷《光世音應驗記》中的內容，顯示了觀音救人的不同情況，其中有提及見到一道光，引導繫念者離開困境（即：《續光世音應驗記》案例五（二六五—四二零年間發生）及《繫觀世音應驗記》案例十九（三一七—四二零年間發生）、案例二十（四七九—五零二年間發生）及案例六十（四一六年發生））。

獲救人士記錄的啟示

在《光世音應驗記》中所記錄的獲救人士多為僧侶和佛教徒。其中七件案例中有三件案例的獲救人士是外國人（來自中亞（西域）的僧侶）。在《續光世音應驗記》中十件案例的獲救人士全是中國（中原）人。《繫觀世音應驗記》中七十一件案例的獲救人士近乎全是中國人，只有兩件案例是外國人。

這些數據顯示中國觀音信仰由三世紀的中亞（西域）僧侶主導，至四、五世紀漸為本土化，至六、七世紀，觀音信仰在中國已完全建立，遍佈各地，南至廣州，並廣播至其他亞洲鄰國，如東至百濟國（韓國）[9]，西北至高昌國（高昌）、西至于闐國（和田），西南至高棉國（柬埔寨）[10]。

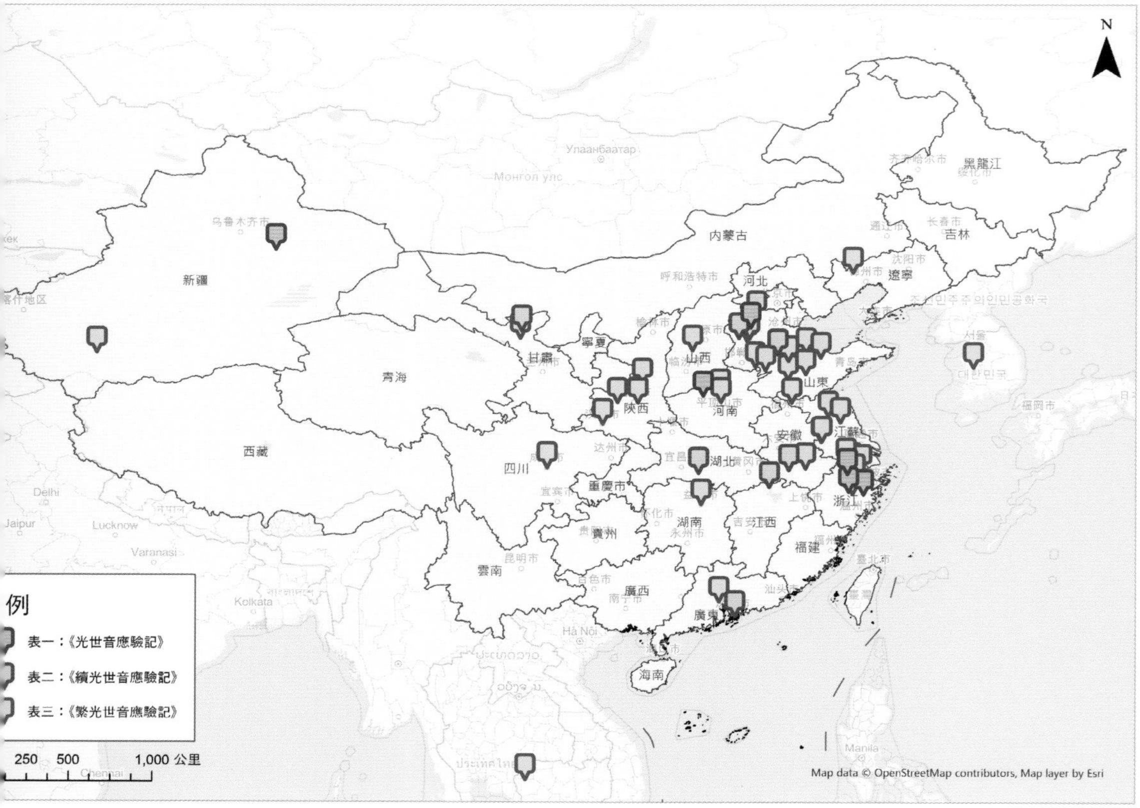

電子版地圖

觀音應驗的地理分佈圖（三至七世紀）
（圖：香港中文大學圖書館數碼學術團隊提供）

觀音應驗的地理分佈

地圖顯示三卷《觀世音應驗記》中記錄發生觀音應驗的位置所在。觀音應驗地區和頻率記錄，反映出大多數發生觀音應驗情況，主要分三方面：一、沿海岸；二、沿絲綢之路；及三、戰爭發生之地。

佛教經典記載觀世音菩薩無處不在，而且尋聲救苦。她千手千眼，大慈大悲，救苦救難。而據《大方廣佛華嚴經》卷六十六〈入法界品〉中記載「善財童子五十三參」[11]，其中第二十八位被參訪的大菩薩是觀世音菩薩，住在印度南方海邊的普陀落伽山[12]（梵：Potalaka）[13]，這座山臨海，鳥語花香，恍如人間淨土。

隨佛教經典的翻譯，觀世音菩薩在中國的逐漸流行及本土化，中國人以浙江省定海縣的普陀山為觀世音菩薩的道場。緣起自五代（九零七—九七九）時，有位日本僧侶慧鍔來華求法，請了一尊觀音菩薩像想要帶回日本，但行船至定海舟山群島時，被狂風擋了歸程，於是只好把觀音菩薩像送去島上供奉，從此朝拜的人趨多，更名為普陀山，成為中國佛教四大名山之一。

《妙法蓮華經》第廿五品〈觀世音菩薩普門品〉：「若為大水所漂，稱其名號，即得淺處。若有百千萬億眾生，為求金、銀、琉璃、車𤦲、瑪瑙、珊瑚、琥珀、珍珠等寶，入於大海，假使黑風吹其船舫，飄墮羅剎鬼國，其中若有，乃至一人，稱觀世音菩薩名者，是諸人等皆得解脫羅剎之難。

莫高窟第 45 窟主室南壁觀音經變中見海中險況（圖：敦煌研究院提供）

以是因緣，名觀世音。」[14] 及後發展，中國漁民深信觀音菩薩，臨海之處建觀音寺及像；香港百數十年前開埠時本為漁港，現仍保存有觀音像於船首的漁船。[15] 可見地圖中顯示觀音應驗事件發生多在沿海一帶，原因是有跡可尋的。

另一重頭難關是極艱巨而利潤極高的海、陸兩線絲綢之路。除沿海一帶的地區，地圖中顯示其他發生觀音應驗事件重地是沿着絲綢之路一帶，如西安、武威、成都、高昌、和田等地。在地圖上看似是互不相干的地區，其實它們是一脈相連的絲路重要驛站，貫通中外的險峻要點。

《妙法蓮華經》第廿五品〈觀世音菩薩普門品〉：「若三千大千國土，滿中怨賊，有一商主，將諸商人，齎持重寶、經過嶮路，其中一人作是唱言：『諸善男子！勿得恐怖，汝等應當一心稱觀世音菩薩名號。是菩薩能以無畏施於眾生，汝等若稱名者，於此怨賊當得解脫。』眾商人聞，俱發聲言：『南無觀世音菩薩。』稱其名故，即得解脫。」[16]

經中提到世人愛尋世間寶物金、銀、珍珠等寶物鋌而走險。修行人以佛、法、僧為三寶。求世間財寶會遭遇危難，求佛法者亦然。如玄奘法師遠征天竺（古印度）求法時，困難重重，在他所撰的《大唐西域記》中所載，他曾經在沙漠中多次缺水、迷路，甚至瀕臨死亡邊緣，他也是繫念觀音菩薩名號而化險為夷。所以觀世音菩薩盛行於中國，箇中因由，顯而易見。

另外，以上地圖同時顯著地反映了觀音信仰傳播由三至七世紀的地域流佈。《繫觀世音應驗記》顯示了觀音信仰從印度傳入中國，發展從三至七世紀的地理分佈，即是由魏晉南北朝至唐代，觀音信仰由中國西北至中原，再推廣至中國東南。最後一次記錄的觀音應驗事情發生在百濟國（韓國）。引證了迄至唐代，觀音文化更由中國傳播至鄰近國家，如東至韓國，西至和田，西南至柬埔寨。也說明了中國至七世紀，甚至與西南方的南傳大乘佛國柬埔寨已有密切的文化交流。

表五：《法華經》與《光世音應驗記》的三間（人間、時間、空間）關係

《妙法蓮華經・觀世音菩薩普門品》		《光世音應驗記》	
第一版本			
名稱	《正法華經・光世音普門品》	名稱	《光世音應驗記》
人間（譯者）	竺法護（223-306） 月氏人，家在敦煌	人間（譯者）	謝敷（313-362）及傅亮（374-426） 漢族
時間	西晉（265-316）	時間	西晉（265-316）
空間（位置）	在286年於長安，從梵文翻譯成中文	空間（位置）	洛陽、長安、建業及會稽一帶
第二版本			
名稱	《妙法蓮華經・觀世音菩薩普門品〉	名稱	《續光世音應驗記》
人間（譯者）	鳩摩羅什 （約344-413） 龜茲國人	人間（譯者）	張演（五世紀前半） 漢族
時間	後秦（384-417）鳩摩羅什於406年翻譯	時間	晉（265- 420）
空間（位置）	陝西一帶	空間（位置）	山西一帶
第三版本			
名稱	《添品妙法蓮華經・觀世音普門品》	名稱	《繫觀世音應驗記》
人間（譯者）	闍那崛多 （523-600） 北天竺（印度） 犍陀羅國人	人間（譯者）	陸杲（459-532） 漢族
時間	隋仁壽元年（601）譯	時間	南朝（420-589）
空間（位置）	益州（四川）一帶	空間（位置）	建康（南京）會稽（紹興）一帶

光與觀——《觀音經》的不同版本

觀音菩薩在中國最初由竺法護於二八六年譯出為「光世音」。相信這與《光世音應驗記》記錄菩薩以光示現，及苦主因見一道光而獲引導離開困境有密切關係。觀音菩薩在中國第二個翻譯版本由鳩摩羅什在四零六年譯出為「觀世音」，意思是「觀察世間的聲音」，觀音聞音救苦。在《繫觀世音應驗記》案例四十二（四七九至五零二年間發生）中有出現形容「觀音菩薩出現，聲音從天空來」的情況。

三卷《光世音應驗記》中共有八十八件案例的主人翁皆透過念誦菩薩名號或經文得救。這反映了觀音菩薩在中國的應驗隨經典翻譯而起變化。另外，由「光世音」至「觀世音」的稱號轉型期，及由經典翻譯至民間普及在三至六世紀，而其間有很多重疊兩用的情況。

《光世音經》出現在第一份正式記錄觀音應驗的文獻《光世音應驗記》，記錄的年代為晉代（二六五—四二零），亦即是《正法華經》在二八六年翻譯後沒多久。在《光世音應驗記》中僅七個案例，就有兩件案例把《正法華經．光世音普門品》稱為《光世音經》，其餘五案例，稱「光世音」。

〈普門品〉在《光世音應驗記》不曾出現。在《續光世音應驗記》中的十個案例，全記錄稱「光世音」。在南朝（四二零—五八九年），《繫觀世音應驗記》，最後一份正式記錄觀音應驗的個案中，記錄觀音的稱號由「光世音」改變為「觀世音」。這表示在四二零年至五八九年這段時間內，隨鳩摩羅什於四零六年翻譯《妙法蓮華經》，觀音的稱號由強調「光」而改變為「觀」，這從應驗個案中可見眾生對觀音期盼的特質之轉變。

上文表三中的數字顯示，在《繫觀世音應驗記》記錄中的七十一件案例，稱「觀世音」及《觀世音經》有三十七例，而稱〈普門品〉僅有七例。其中有三例同時稱《觀世音經》和〈普門品〉。這些數字表明觀音名號在中國翻譯經典的版本中，逐漸易名，同時反映了信徒對觀音應驗之相（應化身）的期許和信心的改變。上文用類型學的方法作數據分析，而不是根據佛經中所描述觀音的角色和功能。它可以幫助我們理解中國人偏重《妙法蓮華經．觀世音菩薩普門品》的原因，就是這部經品強調觀音的核心作用是救苦，這從三卷《光世音應驗記》中的記錄反映了出來。

此外，最重要的是，這些數字顯示〈普門品〉和《觀音經》在三至七世紀時流行程度的差異。由三世紀首次引入中國，至迅速受中國人接受及流行於民間，繁榮於唐代（六一八—九零七）。這三卷《觀世音應驗記》記錄內容真實性雖然難以考證，然而，箇中的案例皆由當時的有識之士所撰，人物、時間、地點和事件經過皆有條理的記錄。這些都成現今珍貴的文獻資料，這些資料和數據顯示了觀音信仰的早期面貌，及後漸為流行於中國及鄰國的原因，及箇中的演變。

下文表六、七及八，列出〈普門品〉、《光世音經》和《觀音經》在《大藏經》中記錄的次數和年份等。這組圖表是二零一一年由加州大學伯克利分校的 Lewis Lancaster 教授在香港大學介紹並演示新開發的的《大藏經》搜索引擎獲得的珍貴參考資料。表六中數字顯示〈普門品〉被記錄在《大藏經》是

表六：〈普門品〉在《大藏經》中記錄

STRING	K-doc	HitsInDoc	TotalHits	%	date1
普門品	K117	1	82	1.22%	286
普門品	K29	7	82	8.54%	287
普門品	K116	2	82	2.44%	406
普門品	K1053	5	82	6.10%	502
普門品	K1086	1	82	1.22%	516
普門品	K1054	2	82	2.44%	594
普門品	K1055	5	82	6.10%	597
普門品	K118	5	82	6.10%	601
普門品	K1075	2	82	2.44%	649
普門品	K1056	2	82	2.44%	663
普門品	K1069	2	82	2.44%	664
普門品	K1059	2	82	2.44%	664
普門品	K1057	7	82	8.54%	664
普門品	K1406	2	82	2.44%	668
普門品	K1058	3	82	3.66%	695
普門品	K1343	1	82	1.22%	720
普門品	K1062	17	82	20.73%	730
普門品	K1401	15	82	18.29%	800
普門品	K1259	1	82	1.22%	976

表七：《光世音經》在《大藏經》中記錄

STRING	K-doc	HitsInDoc	TotalHits	%	date1
光世音經	K1053	1	12	8.33%	502
光世音經	K1054	1	12	8.33%	594
光世音經	K1055	1	12	8.33%	597
光世音經	K1056	1	12	8.33%	663
光世音經	K1059	1	12	8.33%	664
光世音經	K1057	1	12	8.33%	664
光世音經	K1058	2	12	16.67%	695
光世音經	K1062	2	12	16.67%	730
光世音經	K1401	2	12	16.67%	800

表八：《觀音經》在《大藏經》中記錄

STRING	K-doc	HitsInDoc	TotalHits	%	date1
觀音經	K1075	1	20	5.00%	649
觀音經	K1057	2	20	10.00%	664
觀音經	K1069	2	20	10.00%	664
觀音經	K1058	1	20	5.00%	695
觀音經	K1499	9	20	45.00%	904
觀音經	K1488	1	20	5.00%	1058
觀音經	K1505	2	20	10.00%	1226
觀音經	K1504	2	20	10.00%	1368

表九：〈普門品〉、《光世音經》及《觀音經》在《大藏經》內出現的時間

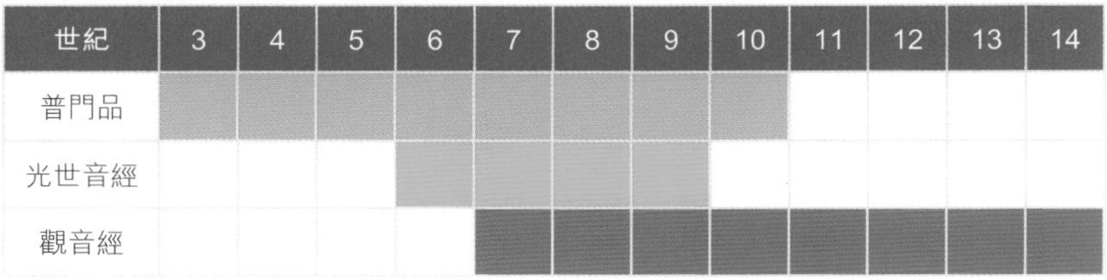

由二八六至九七六年；表七《光世音經》被記錄在《大藏經》是由五零二至八零零年；而表八顯示了《觀音經》被記錄在《大藏經》是由六四九至一三六八年。

這同時顯示了《光世音經》和《觀音經》儘管是非正式翻譯的佛經名稱，卻正式地被收錄在《大藏經》中，而且因而記錄了《觀音經》流行時間最為持久，由唐代至元代，甚至遠勝原名稱〈普門品〉，可見民間對觀音菩薩的推崇和愛戴，也見《觀音經》在中國佛教史上的發展，及在中國民間普及化的時間記錄。

《觀音經》抄本見所求及應驗

以上圖表列出二十世紀初在敦煌藏經洞

表十：現存《觀音經》抄本題記

年代	編號	題記
696 年 1 月 15 日	S.217	陰嗣為見存父母七世父母寫
880 年 4 月 16 日	S.4397	天平軍涼州弟五般防戍都右廂廂兵馬使梁矩緣身戍深蕃發願寫此經
917 年 11 月 28 日	S.3054	報恩寺僧海滿發心敬寫
隋	Or. 8212 / 650R-1	（斷片）
唐	S.8240	癸亥年九月十八日，趙匡濟自抄寫記之
唐	S.2992	申年五月二十三日寫，娘落異鄉願平安
唐	S.5554	巳丑年七月五日就寶恩寺內……
唐	S.5556	戊申年七月十三日弟子令孤幸深寫書
唐	S.5581	能除一切眾生宿殃災苦
唐	S.5682	張和寫，為先亡父母永生淨土
970 年	P.3351	（觀音經與心經同載於一起）
920 年 1 月	P.2133	（紙背記年）觀音經講讚（10 世紀的書寫）

19、20 世紀香港船隻船首刻放觀音像，反映觀音助人渡苦海保平安的信仰深入民心。香港海事博物館藏品。（駱慧瑛攝於 2013 年冬）

發現的《觀音經》抄本，抄經末端題記多寫出抄經原因，以抄經的功德求觀音圓願，如求迷途得回家、求父母往生淨土、求去除苦難等，都是求解決生活中各種困難。例如：

> S.217 所載題記：陰嗣為見存父母七世父母寫
>
> S.4397 所載題記：天平軍涼州弟五般防戍都右廂廂兵馬使梁矩緣身戍深蕃發願寫此經
>
> S.5556 所載題記：戊申年七月十三日弟子令孤幸深寫書

這些題記都是觀音應驗的佐證。現存《觀音經》手抄本極為珍貴，雖存數不多，只有寥寥數份，但足以顯示從七至十世紀（有文獻可證的已有數百年），無論大戶、將領及平民皆祈求觀音救助而得到應驗，可見觀音應驗不爽，而令觀音信仰得以延伸與流通甚廣。

觀音救人於八難浮雕，建於七世紀，為現存最早的觀音經變圖像。印度奧蘭加巴德石窟（Aurangabad Caves）第七窟。
（駱慧瑛攝於 2013 年春）

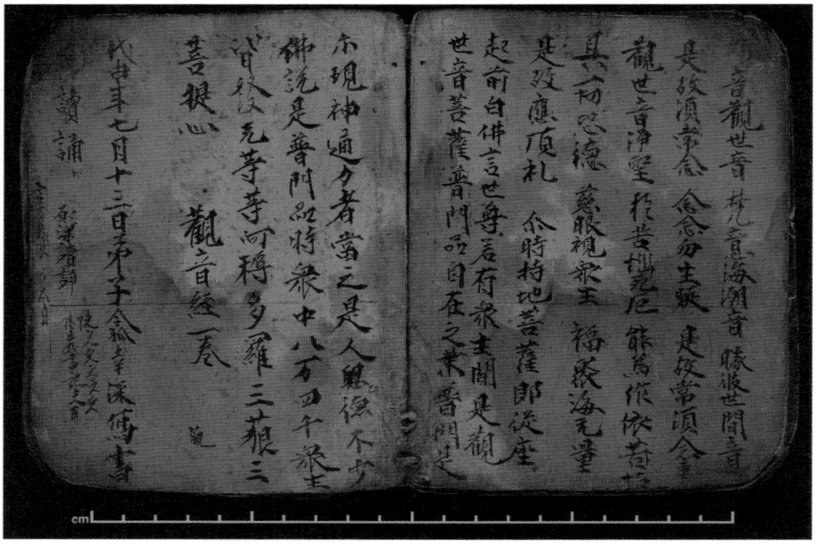

《觀音經》抄本，文獻編號 S.5556，發現在敦煌藏經洞，現藏於大英圖書館。題記寫道：「戊申年七月十三日弟子令孤幸深寫書」。（圖：國際敦煌項目）

《觀世音應驗記》基於《觀音經》內容所載的觀音救度的願心和超能力，以及社會中發生的「應驗奇蹟」而撰；而《觀音經》也依仗《觀世音應驗記》的引證作為推廣流傳，互相影響推動。觀音信仰得以廣泛流傳，深入民心，上達當權皇室，中及高官將領士人，下至草根平民，因觀音菩薩具智慧和慈悲，發願穿梭娑婆；從三世紀戰亂時期的佛典翻譯而得知，觀音信仰迅速流行及流傳至今，因為觀音菩薩於亂世救度，聞聲救苦，有求必應，普度眾生。觀音菩薩是慈悲的行者，古今如一。

觀世音菩薩像，砂岩造，建於七世紀柬埔寨，現藏法國吉美國立亞洲藝術博物館（Musée national des arts asiatiques-Guimet）。
（駱慧瑛攝於 2009 年春）

柬埔寨巴戎寺（Bayon）， 建於 12 世紀，是信奉大乘佛教的國王嘉亞娃曼七世所建，其最大特色是擁有超過 200 個石砌浮雕四面觀音像。
（張偉鵬攝於 2013 年冬）

1 全一卷。收於牧田諦亮著「六朝古逸觀世音應驗記の研究」。乃校訂傅亮（374-426）之《光世音應驗記》七則、張演（五世紀前半）之《續光世音應驗記》十則、陸杲（459-532）之《繫觀世音應驗記》六十九則而成。據傅亮序文所載，東晉時謝敷曾撰觀世音應驗傳十餘則，贈予傅亮之父傅瑗。然於隆安三年（399）遭孫恩之亂，此應驗傳散軼，傅亮遂憑記憶所及而作應驗記七則。（佛光電子大辭典）

2 楊衒之，《洛陽伽藍記》，547 年。

3 《正法華經》卷第 10，第 23 品，〈光世音普門品〉。《大正新脩大藏經》第 9 冊，No. 263。

4 沮渠蒙遜在位期間，北涼於強敵環伺之際擴張成為河西一帶最強大的勢力。一日沮渠蒙遜病重，曇無讖法師謂此是業障病，必念《法華經》的〈普門品〉即可痊癒。蒙遜依之持誦，其病果痊，沮渠蒙遜奉曇無讖為國師，每以國事諮之。〔《魏書．釋老志》〕

5 沙武田，《觀世音菩薩普門品》與《觀音經變》圖像，《法音》，2012 年 10 月 17 日。

6 《大正新脩大藏經》第 9 冊，No. 262，《妙法蓮華經》卷 7，T09n0262_p0057b12(03)

7 《大正新脩大藏經》第 9 冊，No. 262，《妙法蓮華經》卷 7，T09n0262_p0056c16(03) -17(06)

8 《大正新脩大藏經》第 9 冊，No. 262，《妙法蓮華經》卷 7，T09n0262_p0056c21(00) -22(01)

9 《繫觀世音應驗記》中第 71 案例。

10 《繫觀世音應驗記》中第 10 案例。

11 《大正新脩大藏經》，第 10 冊，No. 279。

12 《大方廣佛華嚴經》載：「於此南方有山，名補怛洛伽山，彼有菩薩名觀世音自在。」又云：「海上有山多聖賢，眾寶所成極清淨，華果樹林香遍滿，眾流池沼悉具足，勇猛丈夫觀自在，為利眾生住此山，汝應往問諸功德，彼當示汝大方便。」善財童子受教向南而行，漸至此山：「見其山巖谷之中，泉流縈映，樹林蓊鬱，香草柔軟右旋佈地，觀自在菩薩，於金剛寶石上，結伽趺坐，無量菩薩，皆坐寶石，恭敬圍繞，而為宣說大慈悲法。」

13 秣羅矩吒國：「秣剌耶山東有布呾落伽山，山徑危險，巖谷敧傾。山頂有池，其水澄鏡，流出大河，周流繞山二十匝，入南海。池側有石天宮，觀自在菩薩往來遊舍。其有願見菩薩者，不顧身命，厲水登山，忘其艱險，能達之者，蓋亦寡矣。而山下居人，祈心請見，或作自在天形，或為塗灰外道，慰喻其人，果遂其願。」《大唐西域記》卷 10，https://cbetaonline.dila.edu.tw/zh/T2087_010。

14 《大正新脩大藏經》，第 9 冊，No. 262，《妙法蓮華經》卷 7，T09n0262_p0056c11(03) -16(03)

15 西方船首像代替源自古代拉丁文的「船眼」（拉丁文：oculus）。及後發展為基督教的「海之星」，以 Stella Maris 或聖母作像。香港開埠早期出現此觀音船首像，見證香港中西文化融合之處。

16 《大正新脩大藏經》第 9 冊，No. 262，《妙法蓮華經》卷 7，T09n0262_p0056c23(02) –29(00)。

【第4章】

火龍宮中舞

——圓月秋夜舞火龍

蓮花宮中的火龍，氣勢如虹地飛出了寶宮，
在圓滿的月下，水銀瀉地般的白光中整妝，
背着幽幽山谷而仰首，在陣陣秋風涼意裏蠢蠢欲動，蓄勢起舞……

一八四二年，香港開通貿易港口；一八六三年，蓮花宮建於香港島大坑；一八八零年，火龍舞於大坑。香港大坑舞火龍始於一八八零年，至今已有一百四十年歷史，為本地舞火龍的始祖。這大坑舞火龍的緣起與觀音菩薩的應驗有直接關係。

據香港首份非物質文化遺產清單，[1]「香港觀音誕」列入香港非物質文化遺產之一，編號 3.12，屬第三項「社會實踐、儀式、節慶活動」一欄。為該類總數四百八十項目中之一。另外，編號 3.32 為「舞火龍」、編號 3.32.1 為「大坑」、編號 3.32.2 為「薄扶林村」，皆與中秋節（農曆八月十五日）在大坑及薄扶林村舉行的「舞火龍」活動有關。

大坑蓮花宮今貌（張偉鵬攝於 2020 年夏）

大坑舞火龍中的龍舞珠（圖：大坑坊眾福利會提供；楊文英攝）

觀音誕與舞火龍

在近代正統佛教體系中，佛教界每年有三個觀音誕：農曆二月十九日（誕辰）、六月十九日（出家）、九月十九日（成道）。佛教團體的寺院中不少為觀音道場，如大嶼山羗山觀音寺、赤柱觀音寺、荃灣芙蓉山觀音巖、石崗圓通寺、及近年建成荃灣觀音講堂和大埔慈山寺等，各道場每年舉辦與觀音誕有關的法會或相關活動。

在香港民間社區，每年則有四個觀音誕，分別為農曆二月十九日（降生）、六月十九日（成道）、九月十九日（飛升／昇）及十一月十九日（入海成水神）。在香港民間每年有四次慶祝活動，如大坑蓮花宮、紅磡觀音廟、鴨脷洲水月宮（觀音廟）等，皆分別舉行觀音誕祭拜活動。[2]

大坑蓮花宮的中秋節舞火龍更是香港每年盛事，吸引很多市民和遊客參觀。舞火龍並不是香港獨有，例如每逢元宵節，廣東省梅州豐順縣埔寨鎮村民舉行火龍表演活動，是甚具中國特色的客家民間藝術。[3] 據《豐順縣誌》記載，早在清乾隆六年（一七四一），埔寨鎮就有火龍表演的習俗。[4] 然而，香港大坑的舞火龍是與觀音應驗、社區民生解困有關，這卻是香港獨有的。

每年在香港特定地點舉行巨型舞火龍，成千上萬的壯漢、老少和婦女參與，有的上香、有的舞龍頭、有的舞龍身或尾、有的追逐、有的純粹旁觀。各人懷着各種心情參與，有心有所求而誠心祈

1870 年代的大坑蓮花宮（圖：大坑坊眾福利會提供）

願的、漫不經意好奇湊熱鬧的、熱愛文化拍攝錄影的、當作表演藝術般欣賞的……形態與心態，各形各類，林林總總，各取所需，自得安樂。

在香港，舞火龍的起源地大坑，每年一連三天舞火龍活動則從蓮花宮起程出發。很多遊客及香港本地人為熱鬧氣氛和特色舞龍而雀躍。這難得的非物質文化遺產背後，有着更深一層、更高一層的精神意義：這從蓮花宮的舊照中可見，我們除了可以見到獨具特色的兩層建築和清幽靜謐環境，我們還可以從一個被遺忘的線索——當年縣掛匾額「觀音廟」——得知今日的蓮花宮，原名觀音廟。

夢中感應

蓮花宮中的火龍，氣勢如虹地飛出了寶宮，在圓滿的月下，水銀瀉地般的白光中整妝，背着幽幽山谷而仰首，在陣陣秋風涼意裏蠢蠢欲動，蓄勢起舞……

大坑舞火龍習俗的出現，可以追溯至一百四十年前，在香港大坑出現的一場瘟疫。據說在一八八零年，[5] 在中秋節前夕夜，颱風襲港，吹襲銅鑼灣以南的大坑村，大坑老圍原本是一條客家村落。由來自華南地區不同地方的客家人組成，他們原本多從事耕種和打石的工作。

據說當時有一條巨型大蟒蛇闖入大坑村覓食，吞食村裏家畜，村民發現後，合力把大蟒蛇打死。豈料翌日颱風過後，大蟒蛇的屍體不翼而飛，而大坑村內發生大型嚴重瘟疫，村內多名青年死亡，令村民大為慌張，寢食難安。

相傳後來村中長老前輩，得菩薩報夢。觀音菩薩在夢中開示，着以草紮成草龍，再插滿香枝，同時燃燒炮竹，於中秋佳節晚上舞火龍繞村遊行，驅除瘟疫。炮竹內含硫磺白藥，加上香火便可驅瘟疫。時值中秋，插滿長壽香，蒸薰整個大坑區。

那次舞火龍巡遊之後，人口平安，瘟疫不再。村民發現觀音菩薩開示的良方非常奏效而大喜。大家為求平安，所以傳統維持至今。自此以後每年中秋迎月、正日和追月（農曆八月十四至十六日），中秋節前後連續三夜，大坑居民便會舞動火龍巡遊大坑的大街小巷，淨化社區。大坑至今已發展成繁華鬧市的一部份，農村景象不再。

從蓮花宮舊照中可見到充滿特色的兩層建築和清幽靜謐環境，我們還可以由縣掛的匾額見到蓮花宮原名：觀音廟。上圖攝於約 1900 年，下圖攝於 2001 年。
（圖：大坑坊眾福利會提供）

端坐蓮花宮

蓮花宮的建成與觀音菩薩也是有莫大關係。據說是觀音曾在蓮花宮所在處顯靈，祝福當地的鄉郊漁民安全順利。相傳當時觀音菩薩坐在蓮花中下凡，所以當地村民便發心建了一座蓮花宮來供奉觀音，祈求觀音繼續保佑他們出海作業平安獲利，養家活兒。

觀音顯靈那位置，即現在蓮花宮位置，本是臨海，於山坡下的巨石上建，背山面海，中西合璧的雙層觀音廟前有荷塘和小橋，流水潺潺，清風徐徐吹過，蘆葦輕拂的意境。每當潮漲，潮水湧至廟下。蓮花宮便恍如浮在水面的蓮花，而觀音菩薩坐在蓮花內。後來政府推行填海工程擴闊土地，所以我們現在看到的蓮花宮被埋沒在鬧市高樓當中。未能見到它本來清雅的面貌。

香港在一八四二年成為自由港前為小漁港，民眾生活及生計多與海港息息相關。也有其他工種，如耕種、打石、貿易等。觀音為大慈大悲的菩薩，據《妙法蓮華經》卷七《觀世音菩薩普門品》第二十五：「若有無量百千萬億眾生受諸苦惱，聞是觀世音菩薩，一心稱名，觀世音菩薩即時觀其音聲，皆得解脫。」[6]

其實這只是觀音菩薩眾多「保護大眾的功能」中之一。這「功能」來自觀音的大慈大悲，為念大眾的離苦而發的心願，以歷生歷世修成正果的功德和能力來成就各種應驗的奇蹟。「觀世音淨聖，於苦

大坑蓮花宮大殿的觀音菩薩聖像
（張偉鵬攝於 2020 年夏）

惱死厄，能為作依怙，具一切功德，慈眼視眾生，福聚海無量，是故應頂禮。」[7]

大坑蓮花宮，位處銅鑼灣大坑區，建於同治二年（一八六三年）。主祀觀音菩薩，建築風格獨特，全港獨一無二，於二零一四年被列為香港法定古蹟。蓮花宮的前半部建於平台之上及以石柱支撐，廟的後半部則坐落於巨石上，唯現時該巨石被外牆所擋，僅可於廟內見到部份。

蓮花宮可歸類為兩進式建築，但兩進之間不設天井，前殿建築呈半八角形寶塔狀，及設重簷攢尖屋頂，正面的小陽台設有西洋風格的欄杆。廟門設於左右兩側，與其他廟宇在中央設置廟門有別。主殿後部的建築為長方形，蓮花石亦位於此處，廟殿依蓮花石建，分成上下兩層，下層設石製神壇供奉觀音，上層設有太歲殿及木製觀音神樓，兩個樓層之間的平台則有韋馱殿。[8]

大坑蓮花宮大殿頂部呈六角形，上刻有立體的盤龍。（駱慧瑛攝於 2020 年夏）

廟上層神枱有彩繪精緻雕花及題字，右邊刻有「光緒十一年孟秋吉立」，左邊刻「沐恩薦信弟子仝敬奉」。（駱慧瑛攝於 2020 年夏）

蓮花宮內的廟殿建立於道光（一八二零—一八五零）及同治（一八六二—一八七五）年間，雕工細緻的花崗石供枱（一八六四）、古鐘（一八六五）與石神壇（一八八五），及宣統年間（一九零九—一九一二）的彩門（一九零九）。[9] 筆者參訪時見上層神台有彩繪精緻雕花，上面刻「光緒十一年孟秋吉立」，「沐恩薦信弟子仝敬奉」。光緒十一年（一八八五），晚清的木雕藝術風格完整地保留和呈現，用色豐富而氣質優雅，令人賞心悅目。

殿天花為六邊形，上有金龍與祥雲，金龍神態活靈活現，尤與每年中秋期間舉辦的大型舞火龍活動互相呼應。蓮花宮頂部瓦脊飾有象徵吉祥的寶珠、鰲魚及獅子等作裝飾，既有佛教中的原生元素，及後來民間加入的中華文化元素。和而不同，豐富多彩，反映出外來宗教、民間信仰、本土文化三大元素的共存與共融。

蓮花宮上層所供奉觀音菩薩聖像（張偉鵬攝於 2020 年夏）

火龍傳人

大坑舞火龍更於二零一一年被列入第三批國家級非物質文化遺產名錄。大坑舞火龍總指揮陳德輝 MH（人稱「輝哥」）於二零二二年成為第四批國家級非物質文化遺產項目代表性承傳人。[10]

除大坑以外，香港其他地區如薄扶林、香港仔和坪輋每年皆有舞火龍活動。據輝哥說，大坑居民近年搬到薄扶林、香港仔和坪輋，也舞火龍文化推廣出去。

筆者有幸與輝哥在大坑坊眾福利會內會晤，聽他親述香港大坑舞火龍的歷史，及背後種種繁複而細緻的製作和組織工作。輝哥是國家級問非物質文化遺產火龍傳承人，也是世居大坑的客家人。輝哥以長者之齡，氣定神閒，中氣十足，頭腦敏捷，果然聞名不如見面，氣場強大而具親和力，果然是舞火龍傳承人！[11]

火龍傳人陳德輝 MH（駱慧瑛攝於 2020 年夏）

「大坑夜龍」自 1880 年舉辦，延續至今。
大坑坊眾福利會創於 1946 年 11 月 12 日，肩負起每年舞火龍的傳統習俗。
（駱慧瑛攝於 2020 年夏）

「大坑夜龍」獲當局邀請參加舞火龍表演後團體合照，
背景是昔日銅鑼灣兵房。攝於 1961 年 12 月 10 日。
（駱慧瑛複攝於 2020 年夏）

火龍宮中舞

大坑舞火龍在每年農曆八月十四日、十五日及十六日，在中秋佳節前後共三天晚上舉行。傳統上，舞火龍的開光和點睛儀式前，參與者無須守齋，然而負責主持儀式的人則必須預先潔淨身體，以示敬意。舞火龍啟動儀式在農曆八月十四舉行，約晚上七時開始，七時半之前必須完成。

舞火龍是大坑的年度大型節慶活動，蓮花宮的司祝早已熟知這個年度活動的流程，並會自行整理廟內環境，清理雜物，以方便儀式順利進行——在民間習俗中，所謂「開光」。班首領眾人代表在八月十四當晚，入廟「知會」觀音娘娘，即將會有舞火龍活動，祈求舞火龍之後，合境平安，丁財兩旺。

儀式全程以客家話進行，過程中會用碌柚葉灑聖水做灑淨，灑向包括輝哥與蓮花宮眾人之中，以及火龍旁，然後對着觀音菩薩聖像言：「觀音娘娘：聖水灑過，百無禁忌，大吉大利！」[12] 以往聖水會在大坑的水井收集，現代則用蒸餾水代替。輝哥表示，過往因大坑有多口水井，所以即使沒有自來水，單靠井水亦可解決生活所需，即使香港於六十年代制水，對大坑居民亦沒多大影響。

一九六七年以前的開光儀式，大夥兒會於點睛後燃燒炮竹贈慶，之後才「出龍」，後來香港法例

大坑中秋舞火龍人頭湧湧（何培根攝）

定立禁止燒炮竹，這一步驟才省卻了。起初，舞龍的壯子甚至赤裸上身，後來改為穿着寫上「大坑夜龍」四個字的統一服飾。

開光時，由於蓮花宮未能容納整條火龍，因此於龍頭和龍珠出廟後，龍尾才陸續由側門進入，再由正門出廟，以示火龍已遊廟一圈，舞火龍活動才正式啟動。舞火龍的路線是沿着大坑區內的數條街道巡遊，巡遊期間會再經過蓮花宮，火龍就會向廟的方向作揖，象徵向觀音禮拜，繼續行至浣紗街換上新香，然後就在浣紗街「送龍」回坊眾福利會，整晚的舞火龍活動環節便告完成。

圓月舞火龍

火龍身長約六十七米，分龍頭、龍身和龍尾三個部份。除龍頭和龍尾外，龍身分為三十二節，每節長五呎八吋（1.727 米），主幹由粗麻繩紮成骨架，外層鋪上珍珠草，又稱「米仔草」，上面插滿燃點了長壽香，火龍也因此而命名。再用鐵線紮實。每節以一條竹竿作手柄，方便壯漢舞動火龍。第一節再以粗繩串連着龍頭，形成整條火龍，第三十一節再以粗繩串連着龍尾，整條火龍便告完成。

待開光儀式完全後，火龍插滿長壽香，頓時閃閃生輝。再由兩顆插滿長壽香的龍珠帶領火龍舞動。旁邊亦會有一群穿着中式傳統服裝的小童提着雲燈和蓮花燈，更會敲擊鑼鼓助興，場面非常壯觀熱鬧。長龍有火，急速於人群中舞動，鼓聲、掌聲、喝彩聲交響不斷，雲燈、燭光、蓮花燈點點光芒，還有撲鼻的長壽香氣遠近皆得，這樣的聲、色、香、味、觸，頓然驅散了瀰漫着空中的病菌和心中的鬱悶，令人心開意解。

火龍有三百多名壯丁輪流舞動，輔以燈光裝飾，再配上音樂伴奏而舞動，巡遊大坑各大小街道，甚為壯觀。大坑舞火龍，現已成為香港年度盛事，吸引大量本地市民，和海外遊客慕名而來觀摩，亦得到海內外傳媒的廣泛宣傳報道。

甚有氣勢的大坑舞火龍（圖：大坑坊眾福利會提供；蔡建華攝）

群策群力的大坑舞火龍（圖：大坑坊眾福利會提供；麥耀東攝）

心之舞動

舞火龍僅在香港日佔時期（一九四一年十二月二十五日至一九四五年八月十五日）停辦了三年，至香港第十七任總督金文泰（Sir Cecil Clementi, 1875-1947）向居住大坑的市民頒發獎狀，來表揚其舞火龍是對社區的貢獻。可見觀音菩薩的應驗、舞火龍活動和社區大眾同心合力的成果各各關聯。

在輝哥的記憶中，這些年來，有幾次舞火龍是比較特別的。二零零三年沙士（SARS）疫症蔓延，全港蕭條，旅發局邀請他們舉辦舞火龍以刺激旅遊業再度興盛。所以在零三年五月有一場特別舉辦的舞火龍。

另一次是應亞洲電視邀請，在回歸日晚上，於香港跑馬地馬場舉行的「慶回歸．萬眾同心大匯演」壓軸表演舞火龍。[13] 輝哥說：「表演前大家都非常緊張，因為如果大家還記得，那是特別令人忐忑的一夜，大雨連續下個不停。我們

大坑火龍賀中秋（圖：大坑坊眾福利會提供；梁活彬攝）

一班兄弟團隊，無論天氣如何不能預測，仍然全力以赴。」

「結果到我們在跑馬地馬場出場表演舞火龍時，當鼓聲響起，奇怪的是，外面的雨開始停下來了。」所以輝哥覺得舞火龍是真的很靈驗。筆者覺得觀音菩薩真的很靈驗。輝哥繼續回憶：「表演完畢九點多回來，大家下車吃宵夜，雨停了，地仍濕。地面的水反映着這城市的霓虹燈光，五光十色，令人感到新時代的開端，在倒影中綻放着各色異樣光彩。」

今年（二零二零）相信也是特別的一年，除了日佔時期的三年外，只有今年中秋佳節沒有舞火龍的活動。而諷刺的是，火龍的緣起其實正為了驅瘟。由於今年遇世紀疫症（Covid-19），疫情又不斷反覆，不能多人聚集，所以雖然輝哥及他的團隊等整個籌委會會員早把材料各樣都準備就緒，但為着大家安心及遵守當局規定，只是作了二十人的舞火龍。[14]看來我們要觀看大型舞火龍盛會，最快要待明年中秋了。

火龍傳承

大坑坊眾福利會於一九四六年成立。福利會組成火龍組負責統籌每年的舞火龍工作，火龍組總指揮一名，負責統籌及指揮工作，下設龍珠、龍頭、龍心、龍尾、音樂、紗燈及蓮花燈等小組，分工工作。

這些非物質文化遺產與社區有着緊密結合的關係。大坑坊眾福利會每年籌辦大坑舞火龍，紮作新的火龍，在中秋節前以珍珠草紮成火龍各部份，包括龍頭、龍眼、龍珠、龍身、龍尾及「龍手扼仔」等，並同時裝置鼓車。在火龍骨架上將會插上燃燒着的香枝。

總指揮陳德輝MH（輝哥）於每年農曆八月十四日晚上，在廟內以客家話主持進行開光儀

健兒快速在火龍身上插香（何培根攝）

式，接着的三個晚上，還要現場指揮活動。社區成員參與火龍紮作、火龍開光、舞火龍和送龍等儀式活動。此外，每年舞火龍的宣傳事務、招募健兒、安排火龍紮作、綵排及對外聯絡等工作，都是由總指揮及統籌組織負責策劃。

保育舞火龍

二零零九年，香港科技大學華南研究中心廖迪生博士協助把大坑舞火龍申請成為國家及非物質文化遺產代表性項目的工作。二零一一年五月，國務院將大坑舞火龍列為第三批國家級非物質文化遺產代表性項目，舞火龍的活動也逐漸成為全香港、甚至是國家的一項重要文化傳統。

輝哥由一九七零年代開始出任總指揮，亦於二零一二年十二月成為第四批國家級非物質文化遺產項目代表性承傳人。大坑坊眾福利會一直強調舞火龍的宣傳和傳承工作，與康樂及文化事務署合辦火龍紮作示範講座，向公眾和學生介紹大坑舞火龍的歷史和意義，並於中秋節當晚，在大坑區內完成舞火龍活動後，到維園的中秋綵排會繼續為市民表演，與大眾同樂。

此外，每年舞火龍期間，約有幾十位修讀歷史及文化的大、中學生，到福利會採訪相關資料，從中學習。這是培育本地居民從小認識舞火龍，是文化傳承的好方法之一。另外，每年區議會和香港賽馬會慈善信託基金都支持舞火龍活動，向福利會提供經費支援，落實保存、推廣和傳承舞火龍的計劃。福利會與香港旅遊發展局及前身的香港旅遊協會也有多年的合作，向海外宣傳香港舞火龍活動。[15]

以往大坑舞火龍的盛況（圖：大坑坊眾福利會提供；文淑嫻攝）

璀璨的祝福

時至一百四十年後，在二十一世紀的二零二零年，銅鑼灣大坑早已不再是幽谷，而是寸金尺土、世界排名數一數二昂貴的高級住宅區。香港也已不再是小漁港，雖然地方依舊小，然而卻是舉足輕重的國際大都會，國際金融中心之一。

每年中秋節期間，大坑社區居民仍保留傳統習俗，火龍仍在香港銅鑼灣鬧市出現，翩翩舞動；大家會專程到銅鑼灣大坑區去，在一片鑼鼓聲中，眾多大坑居民及其他地區的居民、訪港遊客等，觀賞健兒從有一百五十七年歷史的大坑蓮花宮出發，舞動着巨大沉重的火龍在街道上穿梭，場面浩瀚，閃爍璀璨的火光，為平日寧靜的蓮花街添上熱鬧，圓月依舊大放銀光，為社區內的你我他帶來溫馨的祝福，祈願瘟疫遠去，大家平安健康。

火龍舞於大坑區內的橫街小巷，男女老幼、街坊鄰里和遊客等都聚滿了街道兩旁。健兒會聽從總指揮指示，每隔一段時間便換上新香，用過的香，會派發給沿途的市民，大眾會非常樂意把香帶回家，還有接過沿途派餅，覺得是把祝福具體地帶回家中，皆大歡喜。

不少原來居民已搬遷到其他地區居住。然而每年到中秋時分，舊居民仍然非常念舊而回到大坑社區，一齊舉辦舞火龍活動。這個有一百四十年歷史傳統的活動依然每年延續。

大坑舞火龍有男女老少的參與（圖：大坑坊眾福利會提供；梁啟雄攝）

正如在筆者訪談中，輝哥特別強調大坑坊眾福利會，有別於其他後來成立的福利會，大坑居民特別強調「坊眾」。大眾的利益為優先考量，以眾為首，個人第二。非常有大愛精神，如觀音菩薩無我無私的大愛精神。

大家都希望香火去病疫，帶來健康和祝福。（何培根攝）

銅鑼灣觀音廟會

華人廟宇委員會於二零一四年十月舉辦為期三天的「銅鑼灣觀音廟會」，活動節目包括神功戲、觀音行宮巡遊和舞火龍。「銅鑼灣觀音廟會」的舞火龍環節皆由大坑坊眾福利會負責。有別於中秋舞火龍之處，是主辦單位在大坑摩頓台臨時遊樂場設置觀音神壇。

火龍在廟（蓮花宮）內開光後，便由輝哥率領大眾護送觀音鑾輿到遊樂場神壇，火龍舞動圓滿後，便暫放在遊樂場內供市民大眾參觀。廟會完結那天，眾人又舞火龍護送觀音返回蓮花宮，並在蓮花宮內禮拜及作灑淨儀式，喻意送龍歸天，一切所作皆辦。[16]

火的淨化

「千江有水千江月，千處祈求千處應」，觀音菩薩隨緣應化。有需要救苦救難的眾生，就有大慈大悲的觀世音菩薩。觀音菩薩於困苦的娑婆世界中聞聲救苦，有求必應地普度眾生。

舞火龍這傳統在香港源於十九世紀末，社區內有長老與觀音相應，得知方法，便與社區內居民上下齊心，合力為求消除瘟疫，自發而起做燃香、做起火龍，繞村去疫，如今成了香港風俗，更被列為國家級非物質文化遺產，以及「國家級非遺代表性項目優秀保護實踐案例」。

觀音菩薩的隨緣應化中實含藏多重教育意義，唯有心淨才能感應，感應後還需努力，而且是大家眾人的齊心合力；觀音菩薩慈悲，並以般若智慧而施予救度，而這也是下化眾生的善巧方便。菩薩各種應提示方法只是化度方便，由於人的能力和智慧有限，在厄難中自然會祈求外在他力，但也不能全靠他人幫助，個人及大眾的心力、努力和齊心合力也是非常重要。我們應常當謹記：謙虛、勤學、無我、和眾。

自去年至今年（二零一九—二零二零），正值世紀大瘟疫新冠肺炎肆虐，新型冠狀病毒（COVID-19）擴散全球，確診感染和死亡人數都不斷攀升，世界各地疫情嚴峻，多個國家地區實施封國封城，全球死亡人逾一百萬人。

薄扶林村舞火龍（張偉鵬攝於 2013 年中秋佳節）

我們這幸運一代，出生至今，未見八國聯軍、兩次世界大戰……等大災難，是不曾挨餓，只望減肥；不曾走難，只望旅行的一代。在世紀疫症下，終於知道感恩，知道一呼一吸不是必然，知道有家可待何等珍貴。

有幸生在福地，我們習慣見到觀音的各種形象，尤以白衣觀音、寶瓶觀音、持蓮觀音等最為常見。一眼望見，便知道修行果位至高的觀音菩薩，純正純淨，持瓶遍灑甘露，淨化世間、淨化世人、淨化人心。

暢遊虛空中

透過認識香港觀音誕，因觀音的應驗，及從香港本土歷史帶來社區民眾衍生舞火龍習俗中而得知，潔淨社區的重要性，免於陷入煩惱及致命的疫災中。環境的衛生，能保障了身體健康；心靈的淨化，則取決於個人決意努力去除貪、瞋、癡三毒所衍生的各樣煩惱了。

從香港觀音誕舞火龍這習俗中，我們得知，原來觀音菩薩遍行淨化，不一定透過用淨水，用香火也能淨化。這啟示了其實我們意識中太多因固有認知而衍生的執着，即固執，我們要學會淨化自己這些所知障，更新及擴張自己的了知，才能認識更多知識和接納更高的知識層面，作內在的淨化和優化，他朝如蓮花宮的舞火龍，自在暢遊虛空中。

風中舞動的火龍（圖：大坑坊眾福利會提供；許有達攝）

大坑蓮花宮別具風格的大殿
（張偉鵬攝於 2020 年夏）

表：大坑舞火龍儀式

日期及時間	地點	儀式	內容
農曆八月十四 晚上七時	大坑蓮花宮	開光儀式	龍頭會在蓮花宮內進行開光儀式，而約二百英尺（約六十七米）長的草龍身則盤於蓮花宮外。開光儀式以客家話進行，祈求風調雨順，合境平安。大坑人相信，經過這儀式後，草龍會變成神龍，巡遊過之處盡把不潔之物帶走。
農曆八月十四 晚上七時三十分	安庶庇街	插香及點睛儀式	大會為龍身插上逾萬枝香枝，龍頭接受各界嘉賓「簪花」、「掛紅」。當大會完成插香和點睛儀式後就會起龍，在大坑村舞動一周。
農曆八月 十四、十五和十六 晚上八時	大坑各大小街道	舞火龍	在兩顆龍珠的引領下，火龍由大坑村舞至浣紗街。火龍會先在浣紗街主看台向嘉賓及街坊觀眾表演舞龍，當中包括不同陣式，如「火龍過橋」、「火龍纏雙柱」及「綵燈火龍結團圓」。隨後火龍會按傳統遊街，穿梭區內主要街道，包括浣紗街、京街、新村街、書館街、華倫街、布朗街和銅鑼灣道等。在遊街過程中，火龍會在浣紗街重新更換香枝，而拆下來的香枝會送給街坊。
農曆八月十五	維多利亞公園	舞火龍	火龍在中秋正日當晚於大坑舞動過後，更會到維多利亞公園由康樂及文化事務處主辦的花燈晚會作表演。
農曆八月十六 晚上十時半	銅鑼灣避風塘	龍歸天	舞火龍完結前，火龍會以反時針方向圍繞大坑村舞動一周。完畢後，大會把火龍運到銅鑼灣避風塘，把頭牌先放入海，然後再把火龍、花燈等一起拋進海裏，以示「送龍歸天」。不過，大會會安排艇家負責立即把火龍、花燈、頭牌等撈起，以免火龍阻礙船隻航道和污染海面。

1 康樂及文化事務署（康文署）於 2009 年 8 月委聘香港科技大學華南研究中心進行全港性非物質文化遺產普查，以蒐集研究資料和數據，以編製本港首份非物質文化遺產清單。經三年多時間，於 2013 年中完成。（https://www.hkichdb.gov.hk/zht/index.html）

2 華人廟宇委員會專頁（節誕日期）——觀音誕：http://www.ctc.org.hk/b5/festival.asp 及廟宇介紹：http://www.ctc.org.hk/b5/directcontrol/temple1.asp。

3 每日頭條：https://kknews.cc/society/aenmkrv.html

4 每日頭條：https://kknews.cc/culture/o44ov5.html

5 另一說法是，大坑蓮花宮的舞火龍儀式，為紀念 1864 年觀音菩薩顯靈，指導居民驅除瘟疫的恩德。鄧家宙：《溫暖人間》（429 期，2016.2.25）。

6 《大正藏》第九冊，號 262，《妙法蓮華經》第 7 卷〈觀世音菩薩普門品〉第 25，0056c05。

7 《妙法蓮華經》第 7 卷，〈觀世音菩薩普門品〉第 25，0057c07。

8 華人廟宇委員會專頁（廟宇介紹）——大坑蓮花宮：http://www.ctc.org.hk/b5/directcontrol/temple1.asp

9 華人廟宇委員會專頁（廟宇介紹）——大坑蓮花宮：http://www.ctc.org.hk/b5/directcontrol/temple1.asp

10 華人廟宇委員會專頁（口述歷史）——大坑舞火龍總指揮陳德輝：http://ctc.org.hk/b5/history_page05-1.asp

11 駱慧瑛：田野調查，2020.8.19。

12 東網視頻：https://tv.on.cc/index.html?page=keyword&vid=ONS201001-14079-04-M&createtime=1601482870。

13 依輝哥憶述，舞火龍慶回歸表演是在 1997 年 7 月 1 日晚。筆者認為可能是在 1997 年 6 月 30 日晚演出。

14 東網視頻：〈疫情下的中秋節　大坑舞火龍「縮水」成員減至 20〉，https://tv.on.cc/index.html?page=keyword&vid=ONS201001-14079-04-M&createtime=1601482870。〈迎月夜遇黑雨　堪輿學家：天意注定今年不能舞火龍驅疫〉，https://tv.on.cc/index.html?page=keyword&vid=ONS201001-14079-04-M&createtime=1601482870。

15 《大坑坊眾福利會 1946-2016 —— 70 周年紀念特刊》，頁 34。

16 華人廟宇委員會專頁（口述歷史）——大坑舞火龍總指揮陳德輝：http://ctc.org.hk/b5/history_page05-1.asp

【第5章】

海上的守護

——入於大海的拯救

香港的前世今生，由從前一灣小漁港，成為今天國際大都會，
香港有山有水，也有風有浪，
本身地靈人傑，同時吸引世界各地人才居留，
依然令人迷醉，依然令人繼續奮勇向前……

夕陽下的映照

筆者研究觀音，為了撰寫有關香港觀音誕的著作而四出採訪搜集第一手資料，有時到一些較僻遠陌生之處，但總體來說十分順利，還得到各方好友二話不說，相助成就美事。唯獨兩度到訪淺水灣巨型觀音像旁的香港拯溺總會，剛巧都在星期日下午，錯過可造訪的辦公時段，摸了門釘。

淺水灣香港拯溺總會旁的大型戶外觀音立（張偉鵬攝於 2020 年仲夏）

淺水灣香港拯溺總會旁大型戶外觀音像向着大海而建
（駱慧瑛攝於 2020 年夏）

香港拯溺總會牌匾「鎮海樓」，由前香港總督戴麟趾（Sir David Clive Crosbie Trench）1971 年題。
（駱慧瑛攝於 2020 年夏）

香港拯溺總會其他牌匾題：「海屋添籌」、「弘仁普濟」等，表達眾人共願及表揚博愛精神。（張偉鵬攝於2020年夏）

在淺水灣夕陽溫暖柔和的金光斜照下，見到有幾位小朋友在大型觀音像前玩耍，也映照出一段童年回憶：小時候只有幾歲的我也一般喜愛在又高大又莊嚴白淨的觀音菩薩像下與兄弟們耍玩。這令我忽然想起小時候也是如此與觀音結緣。

小時候常隨父親到淺水灣，旁觀他參與香港拯溺總會的活動。印象中淺水灣風景很美，沙幼灘白，海水清澈，有一種風光明媚的幸福感覺。童年的我只朦朧知道，父親公餘也參與有意義的活動，如拯溺救人等。母親是父親的賢內助，照顧家庭，又常陪伴左右。父親週末的義工活動，同時也成了家庭週末郊遊與親子活動。

淺水灣鎮海樓公園內，於香港拯溺總會（鎮海樓）左右兩旁各有一個巨型戶外塑像，一坐一立。坐者為天后像，立者為觀音像。記憶中的觀音菩薩如今天的一樣，莊嚴美麗，非常高大，屹立不搖，面向着無窮大海，迎着平日輕拂的海風，嘴角輕輕牽動的淺笑，默默給或為謀生、或為享樂而出海的大眾送上深深的祝福。

想起幾十年後的今天，家父仍有參與香港拯溺總會活動，是該會的技術顧問，所以回家請教，又碰巧友人霍麗萍女士約午餐聚會，也隨順因緣，一併向他們請教。[1] 友人霍麗萍女士回憶道，她父親霍英東先生（一九二三—二零零六）是生於香港的水上人，本是艇戶，小時隨家人住在艇上，後來上岸定居，住在我們現在認識的灣仔藍屋。

巨浪中的拼搏

霍先生從青年時代已很拼搏，做事認真積極，他二十二歲那年如常出海謀生，遇上了一次不尋常的巨

友人霍麗萍女士夜遊鎮海樓公園時，遇見其父霍英東先生為香港拯溺總會題「運財神龍」碑刻（圖中右下角）。（霍麗萍攝）

風大浪，險些喪命。那次霍先生領着船隊到東沙群島，為求海仁草，作珍貴中藥材，但遇上巨大風雨，情況非常危急，小船艇在巨浪中完全被動地不斷反覆顛簸，幾回幾乎翻沉，生命懸於一線。

正在徬徨，正在無助之際，大海中的一位小夥子，忽然見到遠處有一燈在閃着、閃着、閃着……不知道哪來的想法，船隊決定隨燈在閃亮的方向前進，然後幾經生死搏鬥般的海上風雨掙扎，終於登陸到有燈光的海岸上，那時，天，晴朗了；海，平伏了；燈，不見了；人，安全了。

在霍英東先生未出生時，他只有六、七歲的兩位哥哥遇溺喪生於大海。他自己年輕時又有海中生死交關的經歷，幸遇明燈引路，逃出生天。可以想像那次在大海巨浪中的奇遇，對年輕霍先生的影響至深。霍氏後來成就超卓，仍不忘回報，在多方面回饋社會，當中包括在香港及南沙投放了大量資源，他也大力支持香港拯溺總會的海上救人活動。

《妙法蓮華經》第廿五品〈觀世音菩薩普門品〉中說：「若為大水所漂，稱其名號，即得淺處。若有百千萬億眾生，為求金、銀、琉璃、車璩、瑪瑙、珊瑚、琥珀、珍珠等寶，入於大海，假使黑風吹其船舫，飄墮羅剎鬼國，其中若有，乃至一人，稱觀世音菩薩名者，是諸人等皆得解脫羅剎之難。以是因緣，名觀世音。」[2]〈普門品〉中又云：「雲雷鼓掣電，降雹澍大雨，念彼觀音力，應時得消散。」[3]

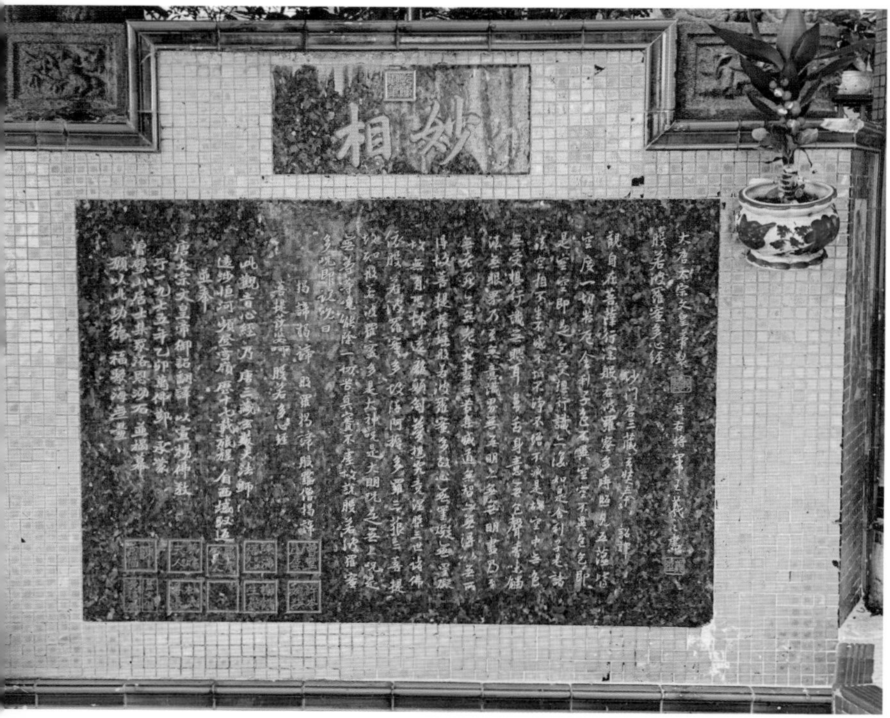

淺水灣觀音像旁有雲石刻金字《心經》碑刻
（駱慧瑛攝）

淺水灣觀音像上有「波浪不能沒」字句，全句是〈普門品〉中：「念彼觀音力，波浪不能沒」。
（駱慧瑛攝）

霍老先生已往生，我無法請問當時在船艇上是否有人，乃至一人，稱念觀世音菩薩名號。不過也不必問，從後來坐落於淺水灣的香港拯溺總會，一座裝飾典雅會所建築物的兩側，分別設有巨型大像：一觀音、一天后（又名：媽祖），已可見關連的痕跡。

媽祖，本名林默娘（九六零—九八七），傳說因孝成道，得後世人敬仰而發展成為信仰，成為中國神祇之一，水上人都叫「阿媽」，祈求她庇祐出海順利，視為海神。媽祖信仰出自福建莆田，遍及福建廣泛地區，以及廣東、香港、澳門、台灣和南洋一帶，沿海有華人之處，每沿岸立廟供奉。明時封為天妃、清時封為天后，故香港多數叫「天后」。

香港很多沿岸的民間廟宇，同時供奉觀音和天后。造型亦相近。在佛寺中的觀音有多種不同形象，其中以宋代開始流行的白衣持寶瓶（又名：淨瓶）觀音為多，喻意保平安。一些民間廟宇中，觀音外貌和天后聖像相近，法相容貌端莊，頭戴鳳冠，身着紅衣。霍先生在南沙重建了一座規模宏大的媽祖廟，被譽為「天下天后第一宮」，就是在一九九六年落成的「南沙天后宮」。有學者研究認為觀音菩薩的本土化影響到媽祖在千年後於中國文化中出現。[4]

淺水灣香港拯溺總會（鎮海樓）外左右各一巨型塑像，坐者為天后像，立者為觀音像。約攝於 1980 年代。（圖：張順光提供）

香港拯溺總會（前稱為「皇家救生協會香港分會」），成立於一九五六年，是一個非政府的志願組織，旨在向市民大眾灌輸正確的水上安全知識，並提供優質服務和訓練，確保拯溺救生人員專業盡責。[5] 坐落於淺水灣，於觀音菩薩和天后娘娘之間的，便是香港拯溺總會的培訓中心。該組織的部份營運資金，來自政府補貼和社會有心人士捐助（如已故的霍英東先生及其志同道合好友們）。他們齊心致力促進香港義務救生員的服務和拯溺運動。家父和兄長也有參與其中，家父早於一九七零年代負責傳授和分享用獨木舟救人方法及心肺復蘇等急救法。他們這些年來因此而認識了一班志同道合、一生一世的好友。

每一位參與救生活動的志願人士，都是無私奉獻了努力和資源，長期參與拯溺救人的義務活動，這也是發菩提心的人，即為利益他人而無條件付出的人，即發大悲菩提心，行菩薩所行。菩薩有分十地和五十二階位，觀音菩薩是大菩薩，頂級的十地菩薩。

我等凡夫，當然不能與觀音菩薩相提並論，但起碼，我們已在學習祂所啟發的菩薩精神，儘管只是初學者，起碼已踏出自私自利的範圍，不再只是上香祈求觀音菩薩保佑，而是踏上無條件付出以利益他人的菩薩道上，一同實踐跟隨觀音菩薩所行各種善行了。

這也正是菩薩「無緣大慈，同體大悲」的精神，能為別人利益而自己無條件付出，對凡夫來說是非常偉大，對菩薩來說則是自然而然的。我們踏出的這一小步，正是踏上成佛之道的第一步。種下將來的成佛的因緣。

所以觀音菩薩，不是在海邊偉大而莊嚴的雕塑，那是菩薩精神的提示標誌，不是菩薩本身。菩薩是每位無我無私、為救人而投身入大海的救生員，及拯溺會上下大眾，在各崗位上努力的人。同樣，不單在淺水灣海灘，在社會中各階層各領域努力，不為自己，單純為幫助他人的善心人，同樣發揮着菩薩利益世人的精神。

「救人一命，勝造七級浮屠」。[6] 浮屠是佛塔（梵文：stūpa），音譯而來。在未有佛像出現前（無像時期），「見塔如見佛，禮塔如禮佛，功德殊勝。」可見建塔功德之大。佛塔，在印度本意為存佛的舍利，是佛陀的意所依。漢化後的佛塔，以七層的佛塔是為最高等級的佛塔。然後，救人一命，更勝建七層高塔，可見救命的重要。

淺水灣香港拯溺總會旁梯級上雲石刻金字
「救人一命 勝造七級浮屠」（駱慧瑛攝）

幸福的每一天

午餐聚會中，霍麗萍女士問家父，在香港哪裏的水深最危險？家父回答不是水深便危險，水淺而有暗湧的泳灘才危險，如大嶼山的長沙，因海床構造及周邊環境的互動，儘管水不深，但在水中會起漩渦，產生拉力，把人捲走。這種泳灘要多注意，每年都有多少傷亡。家父年輕時以自己是拯溺救生員一級考官資格，輕視了海水的危險，也經歷過一次「沒頂之災」。

父親當年到澳洲開會，會後到一美麗海灘暢泳，那海灘正向太平洋，水清沙幼，非常吸引人下水。水也不深，正在碧浪中放鬆，然後突然一急浪來，力很大，剎那間便把整個人拉去老遠，再捲入水底。還好爸受過專業訓練，知道首先要冷靜——但還來不及繼續冷靜，第二波來了！那一口氣，還來不及游回大海水面上，又被吸扯至遠方大海中央，遠離了泳灘，遠離了人群。

這兩次巨浪來得出奇地猛烈和急速，還好爸在水底中很冷靜，以抓水底的沙拉着身體，算準時間突圍而出，衝出海面，憑着意志，游回岸邊。難怪記憶中家父常對子女的我們說：「欺山莫欺水。」又說：「人力不敵天意，但起碼我們可以修習禪定。」

兒時的我，待在家中，安全溫暖，吃飯讀書，偶爾還會向父母微言覺得生活平淡，不夠精彩刺激。父親除出門公幹，平日每天皆準時下班回家，小朋友怎可能想像，父母或其他家人每天在外工

作，為支持一個家庭中各成員的成長，每個黃昏回家團圓，那種平安幸福，其實不是必然。

雖然我爸不是大富人，但我們也從小衣食無憂，他也透過正職及義務工作對社會大眾作出貢獻。我覺得每位爸爸媽媽、師長，為社會服務，為大眾付出的人，都是值得珍惜和尊敬的。

羅馬不是一天建成，香港亦然。香港如其他國際城市般，有很多地方需要去繼續完善，然而，因為有前人一代又一代的努力，我們出生在二十一世紀的這代人，才可享受着前人鋪的路、建的樓、築的橋等各種設施、投資和福利，我們在享用着的同時，也要為後來人鋪路建樓築橋，心

香港人精神是一代又一代香港人勤奮、堅毅、靈活和慈愛等元素所成。（何建民攝）

甘情願，毫無怨言地付出自己的專長、時間和祝福。

我想，香港精神，不單只在獅子山下，香港四面環山、三面環水。香港人精神，是一代又一代香港人的勤奮、堅毅、靈活、慈愛等元素所成。我們會繼續珍惜所有，和繼續運用勤奮、堅毅、靈活和慈愛等優質力量，繼續努力建設未來。

藍天白沙泛青春

香港在開埠前為漁港，海上情況直接影響居民的生命保障及生活質素，又因為觀音從古至今，一直許多應驗，所以深受民眾愛戴，尤其在百多二百年前的香港，當百姓沒有醫療、法律、教育等設施保障時，靈驗的觀音，成了大眾的心靈依靠。

時至今天，除了港島南區淺水灣有具標誌性的望海觀音立像，其實，幾乎所有沿海而有水上人，或有從事漁業及有關活動人士出入的地方，都有「望海觀音」、觀音廟、天后宮等觀音與港人結緣的歷史痕跡。如赤柱觀音寺內也有「望海觀音」，也是因應當地居民需要而修建。還有灣仔從前的沿海觀音廟、新界西貢白沙灣觀音廟等。

寧靜美麗的白沙灣，攝於二戰前。
（圖：《慈航普渡：白沙灣觀音古廟重建特刊》第 25 頁）

很多因為近幾十年的都市化，如進行填海工程及改道等措施，致使已不復見原本臨海而立的完整面貌。

新界西貢白沙灣的觀音廟，建於約一九一九年，一九九七年重修。白沙灣的英文名字是Hebe Haven，Hebe是希臘神話中的青春女神。這與中文原名完全沒有關係，但又非常美麗的英譯名稱，標誌了英人侵佔及統治香港時期有關。白沙灣也確實儼如一位美女伸展玉臂般，環抱着海灣，任意地展示着她的無限美麗，讓藍天白雲在這灣內外轟轟烈烈地洋溢青春氣息。

白沙灣同時自然地形成一道天然避風港口。所以長年都有逾千隻遊艇停泊。加上白沙灣對開的牛尾灣，是風帆等水上活動熱門地點之一，每逢夏日都非常熱鬧，整個港灣都充滿着青春和活力。

紅塵白浪兩茫茫

有近一世紀歷史的白沙灣村，早期居民主要分陸上農民及水上漁民兩種，其中以水上居民為多。現時白沙灣村約有數百戶人家，其中原居民以袁、鄭為大姓，其次姓石。[7]

白沙灣觀音古廟[8]內有一大銅鐘，鐘上有刻字：「懷恩弟子　黎長聰　張權華　全敬送　民國八年冬吉日立」，據說是這兩位姓黎及一姓張法籍華僑於民國八年（一九一九）送贈給觀音古廟。而於支撐這銅鐘的木柴架上，刻有「道光二十三年」，由此可知，這古廟實際年齡是一百七十七歲，起碼從道光二十三年（一八四三）已經存在。這百多年的古廟在一九九七年作了一次規模龐大的維修及重建。

香港在一八四二年被英人接管，俗稱「開埠」。這小小白沙灣觀音古廟從「開埠」開始一直見證着香港的變遷及發展。見證香港從英國殖民管治開始、變遷及發展，乃至二十三年前回歸祖國後的變化和拓展，各種起伏，各種喜悲，如白沙灣上的潮浪般，如來如去，物換星移。

一八四二年，中英雙方簽訂《南京條約》後，香港島被割讓，成為英人的戰利品；一八六零年，中英雙方又簽訂《北京條約》，九龍半島（今界限街以南）又被割讓；一八九八年，中英雙方再簽訂《展拓香港界址專條》租借新界（今界限街與深圳河之間的土地與島嶼），新界被割。一九一二年，清政府結束，民國建立。

一九一四—一九一八年第一次世界大戰；一九三九—一九四五年第二次世界大戰，香港淪陷於日本軍事佔領三年零八個月；二戰後新移民的大批湧入；五十年代的戰後辛苦重建；六十年代的工業奮鬥；七十年代經濟開始起飛；八九十年代的紙醉金迷；一九九七年的隆重回歸；千禧年時代及後的電子化和網絡化高速發展、地球村現象及運作等……香港經歷近代二百年的世界變化，令人的價值觀與從前迥然不同。

白沙灣觀音廟內供奉的百年觀音菩薩聖像（馬國輝攝）

紅塵白浪兩茫茫，忍辱柔和是妙方；到處隨緣延歲月，終身安分度時光。……

榮華終是三更夢，富貴還同九月霜；老病死生誰替得，酸甜苦辣自承當。……

明代四大高僧之一的憨山禪師（一五四六—一六二三）的《醒世歌》在幾百年後的今天仍然受用，仍然「醒神」。

白沙灣觀音廟

二零二零年的仲夏，筆者與友人戴着口罩到訪白沙灣觀音古廟。接待我們的曾笑萍女士，是觀音古廟的現任負責人，她非常和藹友善，雖然我們初次見面，她也盡她的所知，與筆者分享。她的父親為香港九七回歸時期，白沙灣觀音古廟重建籌委會主席曾振先生。

當問及一些較深入的問題時，曾女士把有關白沙灣觀音古廟現僅存的一本刊物——那是她父親當主席時策劃重建古廟的重要資料，雙手交到我的手中，眼中同時不經意地流露對父親無限懷念之情，真的令人萬分感動。[9]

白沙灣觀音古廟雖然偏遠，而且規模較小，但是除了歷史悠久，還有獨具特色的建築風格。這古廟在一九九七年耗資約二百萬港元在原址重建，面積從舊有的百多平方呎（英尺），擴展至三百九十多平方呎，採用鋼筋水泥興建，外牆及頂部設中式彩繪及浮雕壁畫，色彩鮮艷。古廟大門兩側是一副對聯：「西方綠竹千年翠，南海蓮花九品香。」

筆者到訪之際剛逢世紀疫症蔓延全球，據曾女士說，原來這小小的古廟平日香火非常鼎盛，附近居民及遊客絡繹不絕。百年前的白沙灣村聚居的多為水上人，多為漁民，自近年附近一帶遊艇會及遊艇俱樂部的不斷發展，白沙灣村的水上人也改行做駕駛遊艇的居多。

昔日偏僻的白沙灣觀音古廟現位於西貢主要公路旁（張偉鵬攝）

觀音誕賀三朝

白沙灣觀音古廟是香港的觀音誕中，其中最具本地特色的廟宇之一。每逢農曆六月十九日，不單是觀音聖誕，也是整個西貢白沙灣居民的大日子。打頭炮是粵劇酬神演出（神功戲）。歷年觀音誕都要請一個劇團演出九本戲，做足四日五夜九場，如於一九九七年，大會邀請了「福陞粵劇團」演出，大家都可以免費入場觀賞，氣氛非常熱鬧和歡欣，村內村外，男女老少，共聚一堂。

全港只有白沙灣的觀音廟為觀音誕而上演神功戲。筆者問及曾笑萍女士為何白沙灣觀音古廟的觀音誕別具特色，會有粵劇的上演，曾女士表示村中的水上人本來就喜歡看戲，

白沙灣觀音廟 1970 年代初期搶花炮得主笑容與花炮一樣燦爛
（圖：曾笑萍提供）

一百多年來一直如是。村中從前於端午節演木偶戲，現在沒有了，改在觀音誕上演粵劇。據曾女士說，村民中現時最年長的老人其年齡為九十五歲，而村內現居有二三百人。這批水上人的祖先自宋代開始從大陸移民到香港，一九五零年代從滘西洲搬來西貢。

農曆六月十八日下午，觀音聖誕前夕，便展開拜祭觀音儀式，由法師舉行「觀音施食」及祝壽；十九日早上，舉行隆重功德儀式，村民及各嘉賓齊集答謝神恩；接着二十、二十一日兩天早上，都會舉行拜祭，與十九日合稱「觀音賀三朝」儀式。[10]

煙花中的笑聲

白沙灣觀音古廟的觀音誕，另一大特色是「搶花炮」。觀音廟重建籌委會主席曾振先生曾說，花炮共有三十多個，每個各有不同吉祥寓如意，例如第九炮是「添丁發財炮」。每個花炮約一呎高，炮芯有一紅布條紮着竹枝，紅布條上寫上第幾炮字樣。

搶花炮儀式開始時，花炮燃點後發射至半空，村民會爭相跑去花炮墜地的方向進行搶炮。花炮到手不等於已奪取成功，隨時會被四方八面的人群搶走，要直至把手中花炮成功交回到大會人員，才算真正搶得花炮。這是一場智力和體力的競賽，缺一不可。[11]

筆者雖不曾參與如此熱鬧的場面，但也可以想像，數以百計善信爭奪花炮的場面，激烈又熱鬧，充滿刺激和歡樂。善男信女一改平日文靜參訪禮拜觀音之態，活潑開朗地動起來。花炮發放後，於空中和眾人的高度期待中，化成七彩斑斕的花絮，如天女散花般徐徐飄下，空氣中頓然瀰漫着笑聲和希望。

早期的搶花炮活動，大家會聚集在莊嚴慈悲的觀音聖座前，各健兒紛紛起舞般，箭步伸手搶花炮，大夥兒隨着炮竹聲起哄，爆發出比炮竹聲炸得更響的歡笑聲。這一陣又一陣笑浪，伴隨着白沙灣海浪拍岸之聲，夾雜着炮竹聲，是一場又一場高潮迭起的大合奏，也是海與陸、天與地、菩薩與眾生的對話與共舞。後來搶花炮活動改為以抽籤方式進行，比較文雅，但也沒有了昔日熱鬧的氣氛。

今年（2020 年）的花影首次全部留駕於觀音廟內（張偉鵬攝）

花影中藏觀音

奪得花炮的幸運兒，根據紅布上號碼領取寓意吉祥的「花影」一座。這座色彩繽紛的「花影」，內藏一尊十二吋高的觀音像，外有福鼠、花燈、大薑、紅雞蛋等吉祥聖物，裏裏外外的聖物都是信徒爭相競投之物。「花影」是用各色紙品紮作，有十幾呎高。現代會做「花影」的人已經越來越少。

「花影」的製造成本不菲，從前要五六千元一座，現在要上萬元一座，而且以曾女士所知，目前只剩下一家會做這種「花影」。所以近年，由於「花影」成本高，以及考慮環保因素，已大量減少製造「花影」，免只為慶祝觀音誕一天而浪費資源，這些都是大家集資而成，所以視乎每年大家的經濟情況再作決定。

取得「花影」後，會員可以競投各樣聖物，帶個彩頭回家。直至翌年寶誕，各幸運兒再送回「花影」給大會。近年奪得花炮的幸運兒，改為只請一尊小型觀音像回家一年，簡化儀式，不再請整座「花影」回家。

凡事一體兩面，筆者到訪當天，剛錯過了今年觀音誕的儀式和熱鬧，但又因今年的疫情影響，觀音誕儀式調動了，多尊小型觀音菩薩像全在，還沒有分散到各幸運兒的家中，作一年一度的「家訪」。多尊小型觀音菩薩像整年全部留在觀音廟，是歷年首次。

曾振先生曾表示，自一九六七年政府禁止燃放鞭炮後，這種搶花炮的儀式已改為以抽籤形式舉行。刺激性降低了，然而熱鬧程度未減，畢竟「花影」是吉祥之物，只是換個形式取得而已。現時抽籤儀式會在農曆六月十九日上午舉行，酬神演出正本戲《八仙賀壽》中〈仙姬送子〉折子戲後舉行。接着頒贈禮紀念品予各位嘉賓，並以豐盛素菜款待各界熱心人士。

西貢是香港的後花園，風景美麗寧靜，遠離塵囂，除了原居民，還吸引很多熱愛大自然的香港人、本地「海龜（歸）」和旅居香港的外國人居住。香港在各方面的吸引力，引發使香港人口越來越多。多年來，政府為拓展土地用途，及為市民提供更方便快捷的交通網絡，令大眾路路亨通，闊大平坦的道路拓展至偏遠小區，人們可以由市區直達鄉區西貢。

這「四線行車」工程已在長期建設，為着長遠發展和使用，觀音廟前現在的兩線路，將會被改造。當地觀音廟附近一帶的居民擔心「四線行車」工程的拓展，帶來方便的同時，卻會打擾了原本臨海郊區的寧靜風光。希望城市發展的同時，能保存我們久違了的寧靜致遠，及本地特有的非物質傳統文化。

香港實在有很多優勢和價值。一些一直都在建設中，一些不斷都在消失中。幸福與成功，總是願力和業力的長期角力。一個人如是，一個團體、一個地方亦如此。我們有的何只是美食和購物的樂趣和便利，我們更有幾百年多元文化匯聚在一起所衍生的獨特文化風格，這些非物質文化，值得我們香港人回首、觀察、再發現。

白沙灣觀音廟內供奉的觀音菩薩聖像莊嚴肅穆而又親切親民
（馬國輝攝）

白沙灣觀音廟內提供民間流行的求觀音籤服務（馬國輝攝）

香港其實有很多向海的戶外觀音像，
如蝴蝶灣望海觀音。（何培根攝）

香港向海的戶外觀音像還有赤柱觀音寺的白衣寶瓶觀音，且有敦煌飛天相伴。
（張偉鵬攝）

美麗的維多利亞港（何建民攝）

今天的白沙灣仍風光明媚（馬國輝攝於 2020 年仲夏）

31426

1 筆者在 2020 年 9 月 20 日於香港金鐘訪談駱港才教授和霍麗萍女士。

2 姚秦．鳩摩羅什（Kumārajīva, 344-413）譯：《妙法蓮華經》卷 7〈觀世音菩薩普門品〉第 25，《大正藏》第 9 冊，號 0262 [0056c05]。tripitaka.cbeta.org/T09n0262_007。

3 〈觀世音菩薩普門品〉第 25：[0057c07]。

4 陳玉女：《觀音與海洋：明代東南沿海的觀音信仰》，高雄：佛光文化，2017。侯坤宏：《流動的女神：觀音與媽祖》，高雄：佛光文化，2017。

5 香港拯溺總會：https://www.hklss.org.hk/public/modules/lnt/Intro.asp

6 明．馮夢龍（1574-1646）《醒世恆言》第 10 卷：「官人差矣！不忍之心，人皆有之。救人一命，勝造七級浮屠。若說報答，就是為利了，豈是老漢的本念！」

7 西貢白沙灣公所：《慈航普渡：白沙灣觀音古廟重建特刊》，1997 年，頁 25。

8 新界西貢白沙灣 35 號。

9 筆者於 2020 年 8 月 22 日到西貢白沙灣作田野調查。

10 《慈航普渡：白沙灣觀音古廟重建特刊》，頁 23。

11 《慈航普渡：白沙灣觀音古廟重建特刊》，頁 24。

【第6章】

暫借的富貴

——香港的觀音借庫

空氣是流通的，金錢也是流通的；
善意是流通的，智慧也是流通的。
請將財富傳出去，讓愛和祝福也廣傳出去……

借庫興學的觀音

在港島中西區太平山山腰，有一條太平山街。在荷李活道上環段與卜公花園之間平行東西走向的一條街道，中段為一道甚高約三百米的上落樓梯街，該處一帶早年建有很多小型廟宇，當中有觀音堂和水月宮。前者是上環區最古老的觀音廟，位於太平山街三十四號，於道光二十年

佛曲欣賞：
《南無觀世音菩薩聖號》，黃慧音主唱、駱慧瑛獨白

上環太平山街觀音堂是香港其中一間最具歷史的觀音廟堂（何培根攝）

(一八四零)修建，光緒乙未年(一八九五)重建，門額上掛有一塊極具歷史價值的大型浮雕彩盤。浮雕是純粹木製，重修時善信合資加上金箔。木刻浮雕在佛山製作，內容表現天宮內玉帝與諸仙共聚的盛況，刻劃得立體生動。

筆者參訪觀音堂時正值疫症猖獗的二零二零年仲夏，又剛值星期日黃昏時分，廟內只有兩位非常友善的工作人員，一長一少，還有兩位前來拜觀音的善男信女。雖然看來有點蕭條和冷清，筆者知道這個小小的觀音堂，歷史悠久，且有着很大的名氣。工作人員善意地娓娓道來當年觀音誕的盛況：紳士名流及十方百姓共聚，充滿了太平山街及附近一帶。

姓朱的工作人員道：「當年每逢觀音誕，這裏人山人海，非常熱鬧。以前鄧肇堅爵士(一九零一——一九八六)穿着長衫，乘着四人大轎，與他的家眷，被人前呼後擁而至。鄧爵士非常虔誠，每逢觀音誕都會攜眷到此參拜觀音菩薩。」[1] 又說：「每到賀誕，太平山街的石級上擠滿了人，整條太平山街和荷李活道都是轎與人，車水馬龍，佈滿上環太平山山腰一帶。一些人穿傳統中式長衫馬褂、戴卜帽，坐轎來『拜神』。在觀音開庫當日，有些信眾更會帶一車的金銀元寶來燒，一燒就是一整天。」

觀音堂原本的建築，是正門面向荷李活道，一列長石級直登廟門，頗有氣勢。一九九零年代初，香港政府開闢太平山街改善街道，觀音廟經過遷拆及重建，廟前的一部份被拆去，廟宇遷移

上環觀音堂近年遷至新址，規模較早前小。（何培根攝）

至現在的建築物地舖位置，入口改為向北的路旁。改建後的觀音堂門口很狹小，廟內空間僅儼如一間廳堂，然而，古樸典雅氣質依舊，壇前供奉的觀音像依舊莊嚴慈祥。

觀音堂與水月宮近在咫尺，同在上環太平山街。從觀音堂直向下走約二十步之遙，樓梯旁的舊式建築物地舖位置就是水月宮。顧名思義，水月宮是供奉觀音菩薩，又稱為「水月觀音堂」。水月宮的面積比觀音堂更小，宮內供奉千手觀音，筆者參訪當天宮內正在進行儀式，一位穿戴宗教服飾人士帶領着幾位男女進行儀式。門前設有一座紅色大風車讓善信祈福及轉運。

恭祝寶誕
太平樂地羣沾三寶恩光
大德彌天普照十方世界

上環觀音堂有近二百年歷史（何培根攝）

開庫的緣起

觀音信仰在中國民間流行後衍生各種因應市民需要的活動，那是非正統佛教內容，是一種方便之門。傳說五百護法羅漢為考驗觀音菩薩的修行，於是化身和尚下凡到觀音廟化緣討飯，觀音於農曆正月廿六大開倉庫，讓和尚可以盡享齋菜至滿足，餘下齋菜留給前來參拜善信分享。後來民間約定俗成，把農曆正月廿六當作「觀音開庫日」，給予民眾「借庫」，翌年「還庫」。這種大開方便之門，後人稱為「觀音開庫」。

在香港的「觀音借庫」習俗由來，一說與上環觀音堂有關。現任觀音堂堂主鄧見成先生已是第五代傳人，他父親是鄧紀蓁（人稱：鄧伯），鄧氏上祖當年於清嘉慶年間，約一八一八年前後，在水坑口海傍生活，並在上環一帶賣武為生，太婆則在海邊替人補魚網幫補家計。

一天鄧太婆在岸邊織網時，有一大塊木頭向自己漂來。鄧太婆靈光一閃，向漂來木頭問：「如果你是有靈，讓我供奉你吧！」然後鄧太婆猶覺耳邊有聲音道：「我乃慈航普渡觀世音，安置供奉我可得福報。」鄧太婆於是在岸邊搭棚將之安奉，每日早晚虔誠上香禮拜。後來附近漁民學鄧太婆上香祈福，一時香火旺盛，收得些香油錢。

據說鄧氏太公兄弟收集大眾布施的香油錢並在太平山街買地建廟，又特別從佛山請來工匠，將

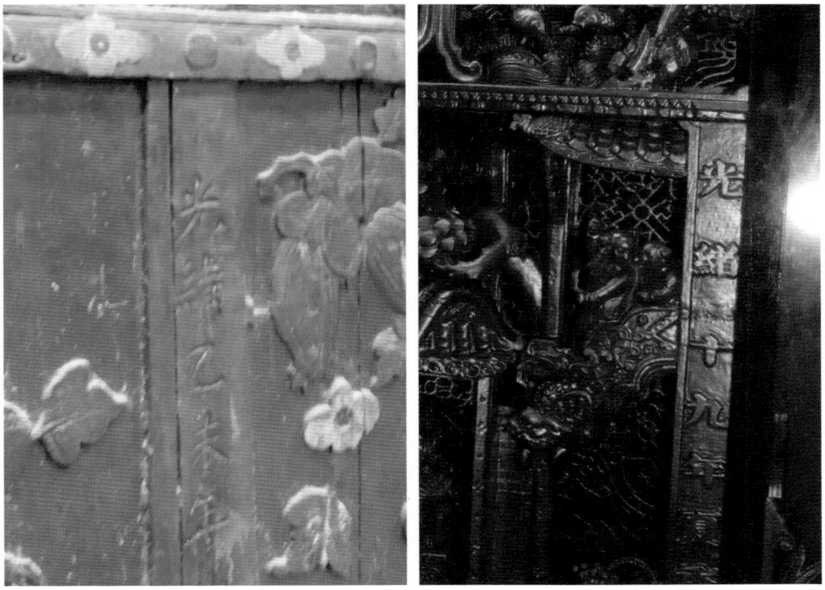

觀音堂內有數件刻有年份的木製工藝品：
光緒乙未年（1895）及光緒十九年（1894）。
（駱慧瑛攝於 2020 年 8 月）

鄧老太婆參拜的那大木塊雕成一個原木觀音（即現觀音堂供奉的觀音像），安奉廟中，把此廟命名為「觀音堂」。時為道光二十年（一八四零），比紅磡觀音廟（建於一八七三年）還早，也比英國人在一八四一年登陸香港島水坑口還早，至今已一百八十年歷史了。

據觀音堂堂主鄧氏言，香港的觀音堂借庫源於鄧伯的父親——觀音堂第三代傳人鄧倬雲先生。當年香港人生活困苦，很多小孩沒有條件讀書，鄧倬雲先生有見及此，想辦義學，在觀音堂內想方法幫忙解決眾生當務之急。觀音堂內有六十四枝靈籤，根據易經六十四卦而來。於是他參考第五十一籤的「起洛陽

上環觀音堂門額上精緻的木刻浮雕是佛山工藝（何培根攝）

橋」，始創「觀音借庫」，向善信們收集善款，藉以幫助鄰里。這是根據與觀音應驗典故之一「孝子修建洛陽橋」演變而成。

「孝子修建洛陽橋」的故事，是有關蔡中興之母懷胎時乘船遇風浪之際，向觀音允諾如能脫險，兒子長大後會建橋利益眾生。後來兒子長大後高中狀元，但為官清廉，苦無造橋之資。此事感動觀音菩薩下凡，坐於採蓮船上，化為美女掛綉徵婚，表示如有人用銀両擲中她者即嫁他為妻，途人解囊，紛紛用銀両向船上擲去，希望贏得美人歸，奈何

上環觀音堂的觀音開庫（何培根攝）

卻無一人擲中。孝子蔡中興以船上收集的銀両，修造了洛陽橋。

鄧倬雲先生將此典故活化，創造了「觀音借庫」籌錢興學助貧的善舉，而借庫對聯題曰：「重見洛陽橋下水，大開香海庫中金。」也是出自鄧倬雲公手筆，標明希望子孫多投放資源於社會公益事業上。然而，近年一些廟堂之司祝把「觀音借庫」利他之舉轉變為將善信善款中飽私囊，實遠離原意。

暫借的富貴

上環太平山街觀音堂堂主表示，觀音不會叫人借錢，只是勸善，希望大家做事隨心隨喜，心安而行。最初的觀音開庫，是觀音向凡人借庫，集資興學。大家可以向觀音祈求事事順境，而觀音是不會助長貪念的。觀音堂內設有勝意物品供大眾做功德，也無標明銀碼，只讓信眾隨喜付錢「請勝意」。離開時，廟宇也不會提供有銀碼的「借據」，只是發給寫上「一本萬利」、「從心所欲」及「丁財兩旺」等傳統祝福吉祥話語的紙條。

觀音堂的工作人員朱先生表示「廟細菩薩靈」，觀音堂長年不用刻意宣傳，也自有各方善信到堂禮拜。觀音菩薩慈悲應驗，觀音法門是普門，接引各界人士，祂不會論來者禮拜的是貧窮或富裕，無論來者是信仰或只是敬仰，觀音菩薩一樣盡量布施智慧和慈悲，也滿足所願，所以深得民心。

在香港，有舉行「觀音開庫」的廟宇，除了上述港島西區上環太平山街觀音堂，還有港島東區大坑蓮花宮、九龍半島紅磡及旺角的觀音廟等，都是「觀音開庫」的熱點。此外，還有今天較不為人知新界區從前的西竺林禪寺及觀音巖等，都是具有歷史和特色之處。

紅磡觀音廟盛況（何培根攝）

旺角觀音廟的觀音開庫（何培根攝）

每到農曆新年，在正月廿五子時起的觀音開庫日，大坑蓮花宮都擠滿人潮，信眾抽利是「借」來數千萬甚至幾百萬，寓意來年賺個盆滿缽滿。蓮花宮在當天為方便信眾也特別通宵開放，人群擠擁地拱照蓮花宮，場面甚為熱鬧，盛況空前。這種擠擁的景況，表現了市民對經濟改善的急切需要和盼望，同時也表現了市民對觀音因為慈悲而廣設方便、大開方便之門的信心和擁戴。

年份	紅磡 觀音廟	大坑 蓮花宮
2017 年	約 25,000	約 7,500
2018 年	約 29,000	約 7,000
2019 年	約 26,000	約 7,500

* 資料來源：華人廟宇委員會

大坑蓮花宮的觀音開庫盛況空前（何培根攝）

清幽簡樸的西竺林禪寺（張偉鵬攝於 2020 年夏）

水清月白西竺林

觀音説法第一。根據佛經説，佛在世時，觀音以聲聞身示現。觀音有時候為廣度眾生而廣設善巧方便，應機接引，會以非正知正見示現説法，先引領入門，再授以正法。

西竺林禪寺是位於荃灣蓮花山的一個偏遠幽靜的道場，寶林禪寺的聖一老和尚曾任該寺方丈。西竺林禪寺在香港以苦修聞名。禪寺山門之對聯云：「因地真實發心菩提種，果德昭然萬法唯心宗。」在因地發菩提心，行菩薩所行，不為自己早日成佛，只願一直為他人點燈，一朝共成佛道。

西竺林禪寺大殿正門兩旁對聯：「雲繞山環果是大千世界，水清月白居然不二法門。」禪寺內的僧侶們相當樸實，生活簡樸。該寺與大嶼山上的寶林禪寺那洗盡鉛華的氣息一脈相承。禪寺祖堂中供奉着從開山祖師至歷任方丈，他們曾經在那裏披荊斬棘地拓荒人間淨土。禪寺正殿內主尊是觀音菩薩。

正如是寶林禪寺山門的對聯：「到這裏一塵不染，行將去普利群生。」提醒每位有緣到訪的人：上山入佛門，為洗盡鉛華，要一塵不染，還本來面目，見五蘊皆空；待脱胎換骨，再重入紅塵，下山回娑婆，為利益眾生。上求佛道，下化眾生，內修外弘，悲智雙運。

西竺林禪寺於一九三三年買地，約在一九三五、三六年間建成，距今已約有八十五年歷史。曾經有超過十位出家人住錫，也曾舉辦「觀音開庫」。在舉辦「觀音開庫」的日子，這偏遠幽靜的道場及上山的路上會變得擠滿人潮。其實上西竺林禪寺的路相當崎嶇難行，我為了做田野調查而到訪該寺時，與友人坐車上山，連我們這樣的現代人也覺吃力，很難想像當年為後人開山闢路的祖師更是如何艱辛的境況。[2]

筆者那次田野調查順利完成，全有幸得衍芝法師接待及介紹，她表示西竺林禪寺的「觀音開庫」緣起於開山祖師隆焜法師（又名：裔禪、楊西竺）的慶生活動。開山祖師的生日在農曆正月廿六，恰巧是民間「觀音開庫」的日子。開山祖師德高望重，信徒眾多。附近居民都稱西竺林禪寺為觀音寺。

有一年，有一位在家居士如常在寺中設素宴數席為祖師賀壽並款待同修佛友，大和尚慈悲不受賀禮，席中一位居士提出既然每年有壽宴，又有發心人希望布施，建議辦觀音開庫活動，把賀禮款項捐出作慈善用途，利益大眾之用。眾人紛紛和應，遂於次年設觀音開庫。後來有一善信因參加觀音開庫後中二獎馬票，此事傳出後轟動一時，故吸引了區內大批善信湧到寺院，場面十分「墟冚」。

衍芝法師表示，觀音開庫本是大陸南方觀音信仰所衍生的民間習俗，習俗中，信眾可以在農曆正月廿六向觀音菩薩借錢，在新春期間他們會在佛前上香抽籤，籤上有金額的數目，金額愈大，信眾覺得他向菩薩借到的錢愈多，新的一年就會愈吉祥、愈好運。

觀音開庫確實不是香港獨有，是近代開始在華南一帶流行的民間習俗。《時事畫報》丁未年／光緒三十三年（一九零七）第一期，刊出一幅描繪廣州正月廿六觀音山「開庫」盛況的《借富觀音圖》石印本。民間多虔誠而不懂觀音的信徒，有一些更每年在觀音誕專程從香港到浙江的普陀山去禮拜觀音菩薩，但也不是單純為禮拜觀音菩薩而走一趟，多為求財、求子、求學業、事業及姻緣好運等。正統佛教寺院沒有設立「觀音開庫」，這是民間衍生的習俗，所以普陀山寺內的法師並不知道很多港人是為借庫而到寺院禮拜觀音菩薩。[3]

西竺林禪寺開山祖師隆焜法師於一九五五年圓寂。後來經禪寺僧眾開會討論，以「觀音開庫」不是正信的佛教而決定取消此活動。寶林禪寺接收西竺林禪寺後便正式取消了觀音開庫這項活動，並在《東方日報》及《星島日報》刊登啟示。當時從寶林禪寺來的當家師在西竺林禪寺住錫，建議在前

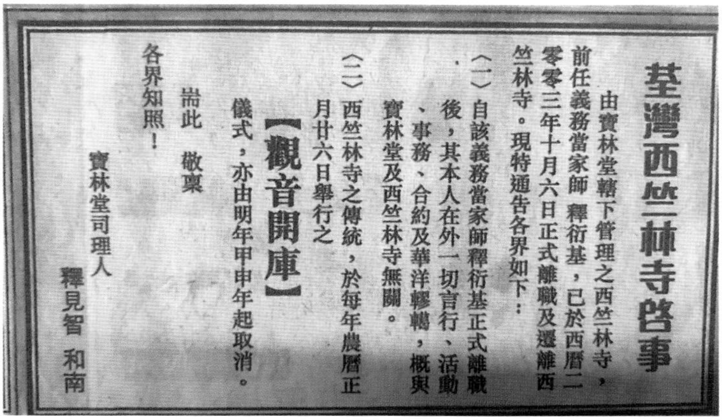

荃灣西竺林寺啓事

由寶林堂轄下管理之西竺林寺，前任義務當家師 釋衍基，已於西曆二零零三年十月六日正式離職及遷離西竺林寺。現特通告各界如下：

〈一〉自該義務當家師釋衍基正式離職後，其本人在外一切言行、活動、事務、合約及華洋轇轕，概與寶林堂及西竺林寺無關。

〈二〉西竺林寺之傳統，於每年農曆正月廿六日舉行之【觀音開庫】儀式，亦由明年甲申年起取消。

耑此 敬稟

各界知照！

寶林堂司理人 釋見智 和南

西竺林禪寺正式登報公告取消觀音開庫活動
（圖：西竺林禪寺提供）

往西竺林禪寺的專線小巴站也貼上西竺林禪寺取消觀音開庫之告示，以免求財的人上山白走一趟。

根據當時警方的記錄，當年前往西竺林禪寺參加觀音開庫之善信多達五萬人次。由於人數眾多，警方非常關注觀音開庫這活動。在活動前三天，警方會在荃錦公路沿途到西竺林禪寺架設鐵馬，更不許私家車輛駛入寺內。寺內人流亦由警察安排，善信必須按警方指示，沿繩索圍繞着的路出入寺院，以便維持秩序。

據有關統計，在二零零三年寺方正式登報取消觀音開庫活動後，次年到寺善信由 50,000 人次急速下降至 3,000 人，往後更只得約 1,000 人，每年遞減，直至近年只剩約 200 人。停辦觀音開庫後，西竺林禪寺希望將只為求財的善信納入正信佛教，便在二零零六年開始辦供天活動，可惜參與者多為寺院義工。

先以欲鈎牽

衍芝法師認為透過觀音開庫此活動，其實也間接接引了很多人信奉佛教，縱使已停辦觀音開庫多年，仍然有很多善信來「還神」。有不同的善信告訴法師，他們參加了觀音開庫活動後，都能得所求，覺得觀音非常慈悲，應驗所求所需，令生活有所改善、事業順利及兒女學業有成等，所以都會很歡喜回到寺來答謝，也因此而與佛結緣，開始有機會接觸佛陀的教育，有機會提昇智慧和福報，靠自己的能力改善人生。

觀音開庫很靈驗，因為觀音菩薩的「千處祈求千處應」。眾生有求，觀音菩薩雖然也廣設方便，但是有求的念頭，就是有染着的念頭。禮拜觀音菩薩不應起貪念，但慈悲的觀音菩薩面對充滿渴望的來者，祂會盡量滿足所願。衍芝法師看見參加觀音開庫的人都有一顆百分百的至誠恭敬心，而且非常懇切，所以觀音菩薩又怎會忍心見世人苦而不救不回應呢?!

觀音的應驗，是因為信眾憑他們的這顆因困苦而起的至誠恭敬心、懇切的心，而得觀音回應。但也請大家不要認為他們迷信，不要帶有色眼光看待他們。正信佛教當然不鼓勵大眾向觀音菩薩「借錢」，起貪着，起不勞而獲的錯誤觀念，只是透過這活動，讓他們心生信心和歡喜，也是善巧方便。

後令入佛智

「先以欲鈎牽，後令入佛智。」[4]「欲鈎」可以包括財富、子女、長壽、官祿、健康等。觀音菩薩度化眾生，如四悉檀[5]中的生善悉檀，會因應眾生的各別根器與能力而教導，所以觀音開庫亦有助接引善信，讓善種子種在他們的第八識田，待他日因緣成熟，智慧的善種子自然發芽、開花、結果，共證菩提。

「從癡、有愛，則我病生。以一切眾生病，是故我病；若一切眾生病滅，則我病滅。所以者何？菩薩為眾生故入生死，有生死則有病；若眾生得離病者，則菩薩無復病。」[6]觀音菩薩為度化眾生，廣設善巧，先由眾生的貪、瞋、癡入手，令貪念起至誠心，從而進入佛門，再學習戒、定、慧，然後在多生多世中慢慢教化，成為佛弟子，他日成佛，離諸苦惱，得大自在。

佛菩薩當然不鼓勵人貪欲，因為貪欲導致愚癡；愚癡導致輪迴；輪迴導致痛苦。所以，相反地，佛經中記載，如有人有一點覺知，知道回頭是岸，希望離欲，但靠自己的定力又不夠用，可以念觀音菩薩，以一心稱名，得菩薩加持，便能離欲、離瞋、離癡。「若有眾生，多於婬欲，常念恭敬觀世音菩薩，便得離欲。若多瞋恚，常念恭敬觀世音菩薩，便得離瞋。若多愚癡，常念恭敬觀世音菩薩，便得離癡。」[7]

富貴其實是不能借來的，沒有借來的富貴。富貴是修來；智慧也是不能借來的，是修來；福報更是不能借來的，是修來。那如何來修呢？「欲知前世因，今生受者是；欲知未來果，今生作者是。」《瑜伽師地論》卷三十八記：「已作不失，未作不得。」《三世因果經》云：「有衣有食為何因？前世茶飯施貧人；無食無衣為何因？前世未施半分文。穿綢穿緞為何因？前世施衣濟僧人；相貌端嚴為何因？前世採花供佛前。」

〈因果十來偈〉說：「端正者忍辱中來，貧窮者慳貪中來，高位者禮拜中來，下賤者憍慢中來，瘖啞者誹謗中來，盲聾者不信中來，長壽者慈悲中來，短命者殺生中來……。」這首偈語說明人間的貧富貴賤，生命的長壽夭亡，容貌的端正醜陋，都是受過去生所造善惡業影響的結果，並不是由他人操縱，也不是命中注定。因此，明白因果觀念，我們可以公平地努力、樂觀地進取，積極地達到目標。

「觀音借富（借庫）」帶給我們的啟示，「富」不在於物質財富，而是心靈財富，透過無盡智慧，所帶來的無盡喜悅。這種心靈智慧財富不單不會貶值或遺失，還可以倍級增值，只要透過真心，分享和傳遞給別人，幫助更多人。這種心靈智慧財富能帶來心安、滿足和幸福。這筆心靈財富不用排隊燒大香，不用求不用拜，只要我們學習觀音，心懷慈悲，布施助人，放下自我執見，幸福富足就在當下。

觀音巖隱立於荃灣芙蓉山上，沿途幽靜翠綠。（張偉鵬攝）

芙蓉山上見觀音

觀音巖隱立於荃灣芙蓉山上，筆者與友人拾逾百石階步行而上，沿途幽靜翠綠，未幾達山門。當年倫參法師有見上山之路崎嶇，泥濘濕滑，故發心建築石梯，直至觀音巖。[8]

山門兩旁有一對聯：「千處祈求千處應，苦海常作渡人舟。」鬱鬱青山上，存別有天然洞穴。觀音巖依岩而建，背靠大帽山，遠眺荃灣全市。洞穴中立了一尊金身觀音菩薩，觀音菩薩法相莊嚴。洞內冬暖夏涼，宜禪定拜禮。觀音巖依山面水，簡樸靈氣，自成一片天地。[9]

觀音巖的構建特色，是建築均為大石下鑿出的岩洞而擴建。內冬暖夏涼，並有採光石孔以敷照明。甫入寺門，見羅漢洞，原供奉十八羅漢，塑像雅致，可惜半數被竊。上有觀音洞，供奉觀音大士，善財、龍女二菩

觀音巖倫參法師法相，身旁對聯：「山色遠迎巖欲笑，世音觀透佛低眉。岑學呂題。」（圖：鄧家宙提供）

薩為侍，頂窗透陽光直照觀音像，讓觀音菩薩晝夜六時均散發着慈祥金光。

此外尚有天保洞，供奉韋馱菩薩。外有慈雲、法雨亭，內有金銅大鐘，並有一天然坐禪石。再上為玉佛殿，供奉緬甸玉佛。觀音巖至今已成為荃灣一名勝區、晨運者之坦途，僧俗並認為全港獨有天然之勝地。設有遠客聞名不識途者，遙看倫參法師（一九一五—一九八八）在山上巨石大書「佛」字，便知即「觀音巖」是也。倫參法師，江蘇省寶縣人，六歲時雙目失明，其母拜佛許願：如兒雙目復明，即捨其出家。不數日視線如常，遂送萬緣禪寺依匯川和尚披剃。十九歲在寶華山隆昌寺受戒，並在天寧寺參學。

觀音巖緣起

清光緒年間（一八七一—一九零八），江西老僧心悟和尚曾棲巖靜修。戰後閩僧廣導抵山披荊重住，命名「妙蓮洞」。後來「妙蓮洞」改名為「觀音巖」，並擴大巖前平台。[10]

一九零零年惠州起義打清軍，失敗退到現稱「觀音巖」的地方，故當時又稱「中興巖」。巖前有一對聯：「山色遠迎巖欲笑，世音觀透佛低眉。岑學呂題。」題字者岑學呂居士為一位隱士，[11]

一九三七年，岑學呂居士謝政後離穗赴港，隱居於新界荃灣山中，足不出山，種菜自活。在亡國與建國之間，筆者雖未臨大時代的風雨飄搖，已能想像紅塵渺渺、蒼生茫茫的感覺。

抗日戰爭期間，倫參法師曾辦念佛堂，集合四眾，輪班念佛，藉此功德化解劫運。一九四三年秋，到揚州高旻寺親近來果老和尚，常蒙來老開示，並當維那。戰後南下抵廣東韶關曲江南華寺，禮六祖、憨山、丹田三位祖師肉身。復往乳源縣雲門山大覺寺親近虛雲老和尚。一九四九年到香港，初到荃灣竹林禪院掛單，再到青山寺過夏，後接住巖洞，法師自此開山劈石，抬磚托瓦，改山門，建梯級，擴建巖洞，改名「觀音巖」。一九五五年臨濟宗第四十五代祖師倫參法師接管觀音巖為該寺住持。

觀音巖洞內，觀音聖像旁存一「建立觀音聖像碑記」：

乙未夏余接住妙蓮洞見其為觀音道場天然石巖改名曰觀音巖內供
法相不稱莊嚴默爾發願重塑廣大法身適逢梁君寬衡向余建議直達
本懷次年春王君志仁等發起籌募于是興工至夏六月完成銘曰
大哉觀世音　救苦利羣生　普願諸善信　獲福得安寧
……
民國丙申年六月　日比丘倫參立

觀音巖洞內的「建立觀音聖像碑記」（何培根攝）

觀音巖現任住持照融法師道：倫參法師秉持「不攀緣富貴、不重名聞利養、老實修行」。照融法師也一直謹遵師訓，護持倫參法師留下的觀音巖。觀音巖至今已有六十五年。照融法師的「初心不退、共同邁進」，正回應了「上求佛道，下化眾生」的現實中的大乘菩薩行者風範。觀音巖，幽僻高遠，道場雖小，佛法俱全。[12] 觀音巖住持法師長年定期舉辦大小法會，廣聚蓮友，共弘慧命。觀音巖雖位置僻遠，仍無阻大眾發心，每逢舉辦法會，禮佛善信絡繹不絕。逢初一十五，朝山三步一拜，念誦「南無觀世音菩薩」。[13]

筆者在二零二零年觀音誕，疫情嚴

有六十五年歷史的觀音巖（何培根攝）

峻期間登山造訪。得觀音巖現任住持照融法師慈悲接見，照融法師可敬可愛，平易近人，法師常為信徒舉行禪修及法會。每月作一次大悲懺，每年的觀音誕，均有十方善信前來參拜，並有朝山三步一拜祈福法會。

觀音巖，一方觀音菩薩的道場。聞聲救苦，普度眾生的實例，據住持照融法師說，曾有不少觀音應驗的真實個案。續佛慧命，利樂有情。法師說觀音巖很偏遠，是小道場。但因觀音很靈驗，所以歷年很多信徒來觀音巖禮拜，並向法師彙報他們的經歷。照融法師慈悲也與筆者分享了當中的幾個個案。

救命的觀音

據照融法師稱，有一位住在荃灣福來邨的男生，逛街一位女朋友，看戲一位女朋友，出外旅行一個女朋友，回來見家長的，又另是一位女朋友；總之有很多女朋友。後來被其中有一個女朋友的哥哥打破了頭，頭骨爆了七處，送進醫院。男生的母親另有一個兒子和兩個女兒，大家都又是哭又是求的向醫生追問，醫生告訴了母親手術的各種可能性和效果，讓她自己決定。醫生說做手術成功就好，不成功就死，如果不做，發炎也是死。男生的姐姐來觀音巖替他求觀音，來這裏求，哭得很厲害。不到三個月，男生自己上來禮拜觀音菩薩。

照融法師還補充道，平時有關觀音菩薩應驗求子的有人記載，其他類別的應驗個案卻沒有人記載，所以無人知，便說在觀音巖求子很應驗，其實觀音應驗是多方面的，視乎眾生所需而已。

法師說，另一次，有一位當母親的老信徒要去新加坡，因她的女兒生了孩子，老信徒發心要幫忙女兒坐月子，她出門前上山來求問觀音菩薩，問去留，觀音菩薩的回覆是否定的。但老信徒想：我自己的女兒，機票也買好了，不去怎麼行?結果到新加坡未出三日，老人家跌了一重腳。

老信徒不但未能幫忙女兒坐月，自己半年都未能恢復，每晚睡覺都要兩個女兒抬上床，都痛得不能入睡，痛苦不堪。老居士無計可施，便又去拜菩薩，禮拜觀音菩薩多日後，女兒問其母：「為甚

觀音巖洞內供奉的觀音聖像（何培根攝）

麼這幾天沒有聽見你喊痛？」老居士回：「對呀！我自己好了還不知道！」後來母女及孫子回港，三代人一同上山禮拜觀音菩薩。

又一次，一位長者信徒的兒子在秘魯當醫生，她希望到秘魯去探望愛兒，出門前到觀音巖禮拜求問觀音菩薩，肯定她是問去留。觀音菩薩的回覆又是否定。但這位長者信徒認為，兒子已買了機票，為甚麼不去？到秘魯沒有幾天，便跌倒傷了腳，半年都治不好。但是這位老居士她本人沒有上來求觀音菩薩。如上文提及到新加坡的那位信徒，這位老居士也有兩個孝順女兒，是兩女兒上山來求菩薩，後來不久老居士腳癒了，自己再上山禮觀音菩薩。所以偏遠的觀音巖，長年訪客信徒絡繹不絕，不用賣廣告，不用邀請，都是靠自己發心的。

民眾表面求的是財，內心需要的，其實是心安，祈求的是祝福。（何培根攝）

祈求的祝福

照融法師表示在倫參法師接管觀音巖以前，便有在正月廿六舉行「觀音開庫祈福日」的活動，所以已有幾十年的歷史，但在觀音巖，沒有如民間廟宇的開庫活動般繁瑣的祈求程序或天文數字的借貸字句。在寺院內，大家善男子善女人共聚一處，只有舉行法會，以法會友，和以吉慶法語，如智慧增長、闔家平安等，給信眾帶着祝福回家。法師了解，民眾表面求的是財，內心需要的，其實是心安，祈求的是祝福。

修來的富貴

岑學呂居士於一九五四年編《虛雲和尚年譜》，把虛雲老和尚（一八四零—一九五九）傳奇一生記錄得巨細無遺，大菩薩在娑婆一趟為大眾做的各大事及開示都記載下來，當中不少虛老與觀音感應的事。

當中虛雲老和尚記開示一則：

人生在世數十年的光陰，不知不覺的過了。在這當中，有錢的人，或貪酒色財氣。無錢的人，都為衣食住行，而勞碌奔波。很少有一清閒自在的，真是苦不堪言。但是這種人，偶一走到佛寺裏，見此寂靜莊嚴的梵剎，心生歡喜。或見佛菩薩形象而隨口聲稱佛名者，或心生清靜而起感慨，稱讚如來吉祥而生稀有者。這都是過去生中有甚深善根，由此皆得成佛。因為人們平時眼中見到的風花雪月，耳中聽到的歌舞歡聲，口裏貪着的香美珍味等，惑染思想。這惑染思想是散亂心，是生死心，是虛妄心。今天能夠在塔廟中，稱一聲佛號。這是覺悟心，是清靜心。是成佛的菩提種子。佛者。[14]

觀音巖中的觀音聖像莊嚴肅穆（張偉鵬攝）

佛教裏，有首《七佛通戒偈》說：「諸惡莫作，眾善奉行，自淨其意，是諸佛教。」這是過去七佛的共同教誡。所以，一個人知道因果，便不會在不自知的情況下作惡，惹來惡果。相反，一個人深信因果，反而會積極行善，為自己塑造美好人生。

借富（借庫）？沒有這回事，只是借假修真而已。如果能夠不做「十惡」，而行「十善」，不殺生、不偷盜、不邪淫、不妄語、不兩舌、不惡口、不綺語、不貪欲、不瞋恚、不邪見，思想淨化了，言語淨化了，行為淨化了，那自然平安、健康、長壽、富貴、幸福了。

紅塵滾滾，鬧市紛紛。修行三大劫，悟在剎那間。

1 筆者於 2020 年 8 月 16 日參訪上環觀音廟。

2 筆者於 2020 年 8 月 8 日（農曆六月十九日）觀音誕參訪西竺林禪寺作田野調查。

3 《觀音》，香港：亞洲電視，2002。周樹佳監製，寇月龍編導，風雲製作。該集在觀音文化的重鎮浙江舟山群島普陀山，深入拍攝當地崇拜觀音的情況，另外還拍攝香港最大的觀音誕廟會，以及探討一些香港民間拜觀音的獨特怪現象。

4 《維摩詰所說經》〈佛道品第八〉，[0549b29]。

5 四悉檀：悉檀，梵語 siddhānta，巴利語同。意譯作成就、宗、理等。佛化導眾生之教法可分四個範疇，即：世界、各各為人、對治、第一義等四悉檀。略作四悉。法華經玄義卷一下，以悉檀為梵漢兼稱之語。悉，即遍之義；檀，為檀那（梵 dāna，譯作布施）之略稱，即佛以此四法遍施一切眾生，故稱四悉檀。據大智度論卷一所載，佛之教法有種種差別，乍見似為矛盾，若總其教說，則有四悉檀之別，皆為實義而不相違背。（一）世界悉檀，即隨順世間之法，而說因緣和合之義；亦即以世間一般之思想、語言、觀念等事物，說明緣起之真理。例如，人類係由因緣和合而存在，故非為實體。以人存在本是一般世俗之見，乃說適合世俗之法以隨順眾人，令凡夫喜悅而得世間之正智，故此悉檀又稱樂欲悉檀。（二）各各為人悉檀，略作為人悉檀。即應眾生各別之根機與能力，而說各種出世實踐法，令眾生生起善根，故又稱生善悉檀。（三）對治悉檀，即針對眾生之貪、瞋、癡等煩惱，應病而予法藥。此係為滅除眾生煩惱與惡業之教；以其能斷眾生諸惡，故又稱斷惡悉檀。（四）第一義悉檀，即破除一切論議語言，直接以第一義詮明諸法實相之理，令眾生真正契入教法，故又稱入理悉檀。法華經玄義卷一下，舉出可說與不可說二種第一義悉檀。可說者，乃為「一切實、一切非實、一切實亦非實、一切非實非不實」四句。不可說者，則為諸佛所證得之理。同書並將四悉檀配於天台宗之藏、通、別、圓四教之四諦，即：世界悉檀配於藏教之生滅四諦、為人悉檀配於通教之無生四諦、對治悉檀配於別教之無量四諦、第一義悉檀配於圓教之無作四諦。此外，禪經中所說之四隨即指四悉檀。（維摩經玄疏卷一、大乘義章卷二、大乘法苑義林章卷一末、華嚴五十要問答卷下、華嚴經孔目章卷三、阿彌陀經通贊疏卷下）。參慈怡法師主編：《佛光大辭典》，頁 1,758。

6 姚秦．鳩摩羅什（Kumārajīva, 344-413）譯：《維摩詰所說經》第 2 卷〈文殊師利問疾品〉第 5，《大正藏》第 14 冊．號 0475 [0544b20]。http://tripitaka.cbeta.org/T14n0475_002。

7 《妙法蓮華經》卷7〈觀世音菩薩普門品〉第25。

8 見倫參法師於1973年11月撰文，收錄於《香港荃灣觀音巖開山六十週年紀念特刊》，頁9。

9 筆者於2020年8月8日觀音誕參訪觀音巖作田野調查。

10 釋倫參法師，〈觀音巖介紹〉，載《香港荃灣觀音巖開山六十週年紀念特刊》，2015年，頁9。

11 岑學呂居士(1882-1963)，編撰《虛雲和尚年譜》及時《慈海回航》等。1906年在香港加入中國同盟會，參加革命活動。後來奉黃興、胡漢民之命赴檳榔嶼辦報，宣傳革命。宣統三年(1911年)武昌起義，未幾廣東光復，胡漢民任廣東都督，岑學呂由南洋返回廣州任都督府秘書。1917年任廣東豐順縣長，1922年重任東莞縣長。他曾在張學良幕中治軍書。約1931年開始信佛，1933年在福州鼓山湧泉寺，皈依於虛雲老和尚座下，法號寬賢。

12 釋照融法師，〈序言〉，載《香港荃灣觀音巖開山六十週年紀念特刊》，2015年，頁1。

13 《香港荃灣觀音巖開山六十週年紀念特刊》，頁22。

14 民國42年癸巳師114歲，次七第4日(正月十九日)開示。

【第7章】

引路至淨土

——觀音的生命關懷

觀色即空成大智而不住生死。
觀空即色成大悲而不住涅槃。
以色空無二。悲智不殊。方為真實也。

二零一九年初夏至冬在香港持續半年多的社會動盪，以及繼而於二零二零年新春開始瀰漫全球的新冠肺炎疫災，驚動了大家一貫安寧和諧的日子，慌了人心。民眾對觀音菩薩的所求，除了平日的送子、借富、保平安和求姻緣等所需外，近期更有善信或無宗教信仰的市民主力求觀音菩薩幫忙去除疾病，及讓亡者順渡往生西方淨土，了生死大事。

觀音菩薩的「千處祈求千處應」皆知巷聞，在鳩摩羅什翻譯的《妙法蓮華經》卷七〈觀世音菩薩普門品〉第廿五中，記載佛陀介紹觀音菩薩以

敦煌莫高窟第 57 窟南壁之唐代觀音菩薩像壁畫
（圖：敦煌研究院提供；孫志軍攝）

不同應化身幫助眾生，觀機逗教，隨緣度化。還有自晉以降歷代至今所記載有關觀音菩薩應驗的事蹟，令觀音信仰流傳甚廣，故俗語有「家家阿彌陀，戶戶觀世音」之說。

阿彌陀佛與觀音菩薩的信仰，在中國民間（人間）的普遍性及共融性，可見一斑。無論是在〈觀世音菩薩普門品〉或《觀世音菩薩應驗記》中，觀音菩薩的「作用」和「功能」是以救助人類於現世生活中的災難為多，並沒有直接提及觀音菩薩幫助亡者順渡往生。

另一方面，觀音菩薩為「西方三聖」之一是眾所周知，然而觀音菩薩為「引路菩薩」則少聞少見。二十世紀初敦煌藏經洞出土的文獻文物中，存稀有罕見以觀音菩薩為「引路菩薩」的絹畫。觀音菩薩是否即是「引路菩薩」？觀音菩薩為「引路菩薩」有何依據？觀音法門與成就往生西方淨土的關係？「引路菩薩」與幫助大眾面對生老病死人生課題的關係？這些問題都值得深思考量。有見及此，筆者透過分析敦煌藏經洞出土的千年絹畫及相關文獻與經典，探討有關觀音菩薩對生命關懷的情況和方法。本文擬在前人研究的基礎上，對這些問題再作考證。

敦煌出土「引路菩薩」圖像

《妙法蓮華經》第廿五品〈觀世音菩薩普門品〉中的：「汝等應當一心稱觀世音菩薩名號。是菩薩能以無畏施於眾生……稱其名故，即得解脫。」[1] 口常稱誦、心常憶念，身行恭敬禮拜觀世音菩薩，能蒙受利益。[2] 那是人在娑婆世界時信奉和依賴觀世音菩薩幫助解決生活中各式各樣的難題。那生死的大難題呢？也是一樣信賴和依附觀世音菩薩加持，因觀世音菩薩在因地的發願，故祂與娑婆世界的眾生結了很深的緣，人生的四大階段生、老、病、死中，尤以生和死更特別與觀音菩薩有關。生的二求：「若有女人，設欲求男，禮拜供養觀世音菩薩，便生福德智慧之男；設欲求女，便生端正有相之女，宿植德本，眾人愛敬。無盡意！觀世音菩薩有如是力！」[3] 死與往生，尤其是往生西方淨土，也與觀音菩薩有着密切關係。

引路菩薩的出處

引路菩薩，引導臨終者去路之菩薩。其名號未見於佛教諸經典，唐末宋初，與淨土信仰的流行，及共同興起之民間信仰有關。[4] 又，引路菩薩，即引導亡者往生淨土的菩薩。其名號未見諸經典，然而在敦煌藏經洞出土中古文物中有引路菩薩圖像及相關文獻。[5]

引路菩薩的相關研究

敦煌莫高窟藏經洞出土的佛教文物中，有罕見以觀音菩薩為引路菩薩的唐代絹畫，尤以館藏編號：1919,0101,0.47 最為著名，是僅存於世上有關引路菩薩圖像的代表作。此引路菩薩畫像經考古學者鑑定為公元八五一至九零零年晚唐時期作品，絹本設色，縱 80.5 厘米，橫 53.8 厘米，畫面保存得相當完整。[6] 一九零七年由英籍考古學家斯坦因 (Marc Aurel Stein, 1862-1943) 從敦煌帶到英國，一九零九年至今藏英國大英博物館第三十三號展廳。[7]

段文傑（一九一七—二零一一）形容這幅「引路菩薩」畫像的內容：「引路菩薩，是一位具有女性美的鬚眉男子，菩薩乘紫雲，左手持紅蓮白幡，引導亡靈，右手持香爐，香煙裊裊上昇，烟霧迷濛中出現一座宮殿樓閣——幻想中的天國，菩薩回首顧盼，似乎正在為紫雲中的亡魂指示去路。小小的靈魂是一位豪華貴婦人，頭飾拋家髻，身穿大袖襦，造型與周昉的簪花仕女相同，拱手胸前，默默地跟着菩薩走去。充分表現了引向天國之路的主題思想，創造了紫氣瀰漫的自然空間，與亡魂之間的冥冥和諧的意境美。」[8] 這幅絹畫完全呈現了莊嚴靜穆的往生的環境，及表現了亡者而溫婉安然的順度往生的過程，及箇中的中陰身的神秘境界。

松本榮一 (Matsumoto Eiichi, 1900-1984) 首篇論文有關敦煌學的論文，便以引路菩薩作研究。[9] 繼而有《地藏十王圖與引路菩薩》。[10] 塚本善隆 (Tsukamoto Zenryu, 1898-1980) 的《引路菩薩信仰考》，也

英藏「引路菩薩」絹畫，館藏編號：1919,0101,0.47。（圖：國際敦煌項目）

以長篇研究論文方式考量引路菩薩的問題。[11] 沙武田（一九七三—）的《敦煌引路菩薩像畫稿》將 P 4517 (1) 比定為引路菩薩畫稿。[12] 據李欣苗研究，引路菩薩後來在水陸畫中常見。[13]

從一九零零年藏經洞發現至今，在敦煌發現所見引路菩薩共僅有十一幅，其中六幅現藏於法國，兩幅藏於英國，一幅藏於甘肅博物館，敦煌壁畫存兩幅。法藏 MG 22795、MG 22796 是持幡菩薩立像，沙武田認為是引路菩薩，但王惠民（一九六一—）認為缺少引路菩薩的因素，故沒列入引路菩薩圖像系列中。而莫高窟 205 窟西壁有二身菩薩，曾有學者認為是引路菩薩，後被定為是施寶觀音、施甘露觀音，並非在引導亡靈。[14]

在這僅存的十一幅敦煌引路菩薩像中，斯坦因所蒐藏之引路菩薩代表作，圖像 1919,0101,0.47 為唐末之作品。縱 84.8 厘米，橫 55.7 厘米，是較大型的引路菩薩像，絹本設色。菩薩身以瓔珞天衣莊嚴，其右手持柄香爐，爐中出香煙一縷，煙中有五彩雲，雲中現淨土寶樓閣。左手持蓮華，華上有寶幢。其身後有一女人隨從。圖之右上方，仍清晰可見書「引路菩」三字，相信全句最後四字是「引路菩薩」，推測全句大意是「……往西方……引路菩薩」。

另外，伯希和 (Paul Pelliot, 1878-1945) 所蒐藏的六幅引路菩薩圖像現藏法國吉美博物館。以 MG 17662 為代表作。此圖分為上下兩部份。上半中央繪地藏菩薩趺坐寶座；背後繪有六道輪迴景象。下半又直分為三部份，其左端所繪引路菩薩與斯坦因所藏圖同趣。旁邊清晰書「南無引路菩薩」六字。

右端繪主人翁，一漢族貴婦人，衣飾華麗非常，六枝白玉髮簪及金鳳冠，身披錦衣，手捧金瓶。華麗程度有過於英藏 1919,0101,0.47 圖像之貴婦人。中央部份為銘文，雖損毀嚴重，然大抵可知該圖是宋代太平興國年間（九七六—九八三）製，為王妃祈福所繪。宋以後，引路菩薩漸為民間信仰所用。如在喪禮出殯行列中，書寫有「往西方引路王菩薩」的輓旗，由人持在行列的前面，以導引亡者往生西方淨土。[15]

如王惠民所言，引路菩薩是引導亡靈到西方極樂世界之菩薩，是一種於中國本土產生的佛教圖像，現存敦煌畫和中原宋代以後水陸畫中。圖像特徵是：一菩薩手持幡在彩雲中前行，後面跟隨形象較小的男女俗人，菩薩側身作顧視俗人狀。[16]

據王惠民分析現存敦煌出土及所存引路菩薩資料而列表如後，可見引路菩薩的流行時期為晚唐至北宋期間（八五一—一一二七）。淨土宗自東晉廬山慧遠法師（三三四—四一六）提倡至唐，禪、淨、密皆盛極一時。慧遠法師除在廬山結蓮社修持淨土法門，他修持淨土的方法除念阿彌陀佛外，還非常注重觀想佛像，觀想佛的境界，以至能夠見佛，見一佛及一切佛。所以不僅持名念佛，還觀像念佛。[17]

這同時帶出了佛菩薩圖像的重要性及中古時代佛菩薩圖像的流行原因之一。而這不是現代的一般人把佛教圖像視為藝術品，或一些人將之褒為聖物，以天價在拍賣行交易，牟取暴利，卻不知

圖表： 王惠民對引路菩薩的研究成果

出土處	藏處	編號	時期	類別
藏經洞	英國大英博物館	1919,0101,0.47	晚唐 （851-900）	絹本設色
藏經洞	英國大英博物館	1919,0101,0.46	—	絹本設色
藏經洞	法國吉美博物館	MG 17657	五代 （907-960）	絹本設色
藏經洞	法國吉美博物館	MG 17662	太平興國八年 (983）紀年	絹本設色
藏經洞	法國吉美博物館	MG 17697	—	紙本設色
藏經洞	法國吉美博物館	EO 1133	—	絹本設色
藏經洞	法國吉美博物館	EO 1398 （P.175）	—	紙本
藏經洞	法國吉美博物館	P 4517（1）	—	絹本設色
藏經洞	敦煌莫高窟	第 176 窟	北宋 （960-1127）	壁畫
藏經洞	敦煌莫高窟	—	—	壁畫
藏經洞	甘肅博物館	—	淳化二年 （991）	絹本設色

佛教圖像的真正價值在於所表達的佛法——智慧和慈悲；另一些人將千年佛像貶為泥土或廢紙般回收，連基本尊重文物的知識也欠奉。或是部份學者以考古、圖像學、藝術史、建築學角度等來研究；或又有部份佛教學者只重視佛典經文，完全漠視佛教圖像的價值。佛教圖像有別於藝術或其他圖像，在佛教中，藝術只是方法、方便和手法，其實如文以載道，圖以載法。

《大佛頂如來密因修證了義諸菩薩萬行首楞嚴經》卷二：「如人以手指月示人，彼人因指當應看月。」[18] 佛教圖像是修行人修習佛法的工具，無論是透過金、銀或泥塑，抄寫、繪製或雕印，水準高的創造一般稱「藝術」，其他稱「技術」或「工藝」；無論「藝術」或「技術」，皆是四大假合，為利於表法傳法，為幫助教育及修習。

「引路菩薩」圖像內容再檢

法藏「引路菩薩」絹畫，館藏編號：MG 26461。（圖：國際敦煌項目）

超度引路的觀音菩薩

引路菩薩是否即觀音菩薩？英藏 1919,0101,0.47 雖然具代表性，絹畫上寫的是「引路菩薩」，而圖中主角的引路菩薩頭上寶冠中沒有化佛，只是蓮花。雖然觀音菩薩不一定是有化佛，但後人多依據《悲華經》所記觀世音得佛授記，故觀世音菩薩寶冠中多有化佛。

《悲華經》中載：「觀世音前白佛言：『若我所願得成就者，我今頭面敬禮佛時，當令十方如恒河沙等諸世界中現在諸佛，亦復各各為我授記，亦令十方如恒河沙等世界大地及諸山河六種震動，出種種音樂，一切眾生心得離欲。』善男子！爾時，觀世音菩薩尋禮寶藏如來，頭面着地。爾時，十方如恒河沙等世界，六種震動，一切山林悉出種種無量音樂，眾生聞已，即得離欲。其中諸佛皆與授記作如是言：『散提嵐界善持劫中，人壽八萬歲，時有佛出世，號曰寶藏，有轉輪聖王名無量淨，主四天下，其王太子名觀世音。三月供養寶藏如來及比丘僧，以是善根故，於第二恒河沙等阿僧衹劫後分之中，當得作佛，號遍出一切光明功德山王如來，世界名曰一切珍寶所成就也。』」[19]後人多以為寶冠中有化佛來定斷觀世音菩薩圖像。

最有力證明觀音菩薩即是引路菩薩，筆者認為以法藏 MG 26461 是鐵證。為較大型的引路菩薩畫像，絹本設色。東邊上方題記：「奉為亡魂蕭氏女弟子」；西邊上方題記：「盡觀音引路菩薩壹軀」[20]，這幅引路菩薩的畫風與佈局與英藏 1919,0101,0.47 最為接近。相信作畫時間相近，以其

敦煌藏經洞出土，法藏 MG 17657，康氏婦人亡夫供養「引路菩薩」絹畫。（圖：國際敦煌項目）

用色及風格推斷應是晚唐至五代時期作品。此圖像上寫「盡觀音引路菩薩壹軀」中的「觀音引路菩薩」在這項研究中最有價值。

另一例證，法藏 MG 17657，絹本設色。西邊上方題記：「女弟子康氏奉為亡夫葆詮　蒙引路菩薩尋一心供養」，以其用色及風格推斷是晚唐至五代至北宋時期作品。這幅有別於以英藏 1919,0101,0.47 及法藏 MG 26461，引路菩薩引領着一位男士，而非貴夫人。而引路菩薩旁有另一位女子，推測是事主女弟子康氏，為超度亡夫而造像。[21]

法藏 MG 17687 印刷品上方中央印有西方淨土教主阿彌陀佛，兩旁題記：「四十八願阿彌陀佛普勸供養受持」；下方印：

夫欲念佛修行求生淨國者先於淨
處置此尊像隨分香花以為供養
每至尊前冥心合掌離諸散動專注
一緣稱名禮敬
南無極樂世界四十八願大慈大悲
阿彌陀佛　願共諸眾生一心歸命禮十拜
南無極樂世界大慈大悲諸尊菩薩
一切賢聖　一拜
然後正坐一心專注念阿彌陀佛或萬或千
觀世音大勢至諸尊菩薩各一百八　念已稱云
以此稱揚念佛功德資益法界一切
含生願承是善聲同得正念往生無
量壽國更禮三拜即出道場

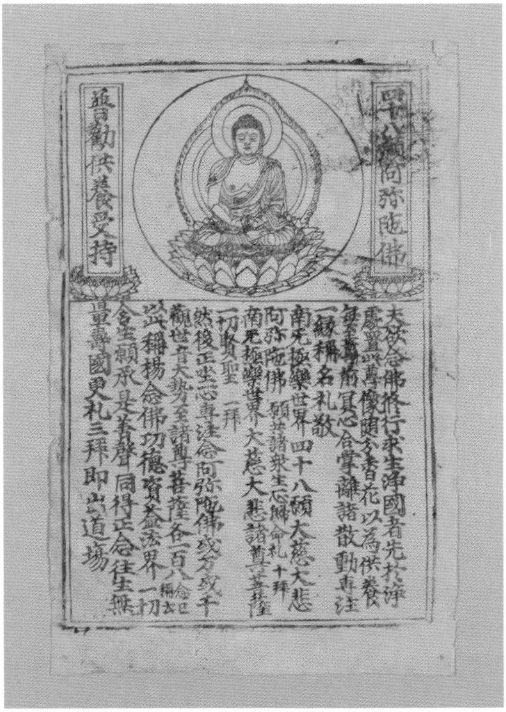

敦煌藏經洞出土，法藏 MG 17687，印刷經文。
（圖：國際敦煌項目）

依國際敦煌項目網上記錄，這法藏編號 MG 17687 [22]，縱 30 厘米，橫 18.7 厘米，紙本設色。沒有其他資料。然而據與其他同風格藏經洞出土經典，可以推斷這法藏 MG 17687 為北宋（九六零—一一二七）初年的印刷品。

現藏於法國的敦煌藏經洞出土《大隨求陀羅尼》編號 MG 17688，中央有佛像，環以梵文經咒，最後題記載：

西天寶安寺三藏賜紫
佛頂阿闍梨吉祥
自對大隨求陀羅尼
雕印板散施普願
受抙伏願
皇帝萬歲　天下人安

敦煌藏經洞出土，法藏 MG 17688 ，印製《大隨求陀羅尼》。
（圖：國際敦煌項目）

這法藏 MG 17688《大隨求陀羅尼》，縱 37 厘米，橫 29.7 厘米，格式與 MG 17687 相若，同樣紙本設色的。據馬世長（一九三六—二零一三）考察推定為北宋初年。[23] 宿白（一九二二—二零一八）研究，隨雕塑版印刷術發展，五代至宋期間佛教傳播得以高度發展，印刷體的經咒及佛像曼陀羅等也相當流行。[24]

筆者整合藏經洞出土，各具代表性的引路菩薩圖像列表如下：

藏經洞出土引路菩薩圖像

編號	時期	類別 / 尺寸	藏處
MG 17697	—	絹本設色 73 x 42 厘米	法藏
MG 17657	五代（907-960）	絹本設色 94.5 x 54 厘米	法藏
MG 17662	北宋 太平興國八年 (983 年)	絹本設色 229 x 15 厘米	法藏
MG 26461	—	絹本設色 138 x 53 厘米	法藏
EO 1398 （P175）	—	絹本設色 43.7 x 31.9 厘米	法藏
EO1133	—	絹本設色 59 x 38 厘米	法藏
1919,0101,0.47 (Ch.lvii.002)	晚唐 (851-900)	絹本設色 80.5 x 53.8 厘米	英藏
1919,0101,0.14 (Ch.liv.006)	五代 天復十年 (910 年)	絹本設色 77 x 48.9 厘米	英藏
1919,0101,0.52 (Ch.00167)	—	絹本設色 103 x 69 厘米	英藏

敦煌藏經洞出土，英藏「引路菩薩」絹畫，館藏編號：1919,0101,0.14（Ch.liv.006）。
（圖：國際敦煌項目）

英藏「引路菩薩」絹畫 1919,0101,0.14 (Ch.liv.006) 是眾「引路菩薩」絹畫唯一有年份記錄和詳細的三處題記。紀年「天復拾載庚午」（九一零年），所以較更有價值。唐王朝在九零六年滅亡，九一零年是五代時期。大英博物館對此畫作了較詳細的註釋。[25] 值得注意的是因題記內容真實地記載了十世紀初時苦難眾生解決生死大事，重重地依賴觀世音菩薩的保護和加持，而順利過渡生死大事的情況。最重要的題記在畫面右上角，綠色的長方形題箋中，從左開始共三行，題記中載：

南無大慈大悲救苦觀世音菩薩 永充供養
奉為國界清平 法輪常轉 二為阿姊師
慈亡考妣神生淨土 敬造大聖 一心供養

緊接着下方有白色長方題箋，題記中載：

亡弟識殿中監張有成 一心供養

絹本設色觀世音菩薩畫像左邊有另一色的長方形題箋，題記中載：

眾生處代如電光 須臾業盡即無常
慈悲觀音濟群品 愛何（河）若痛作橋樑

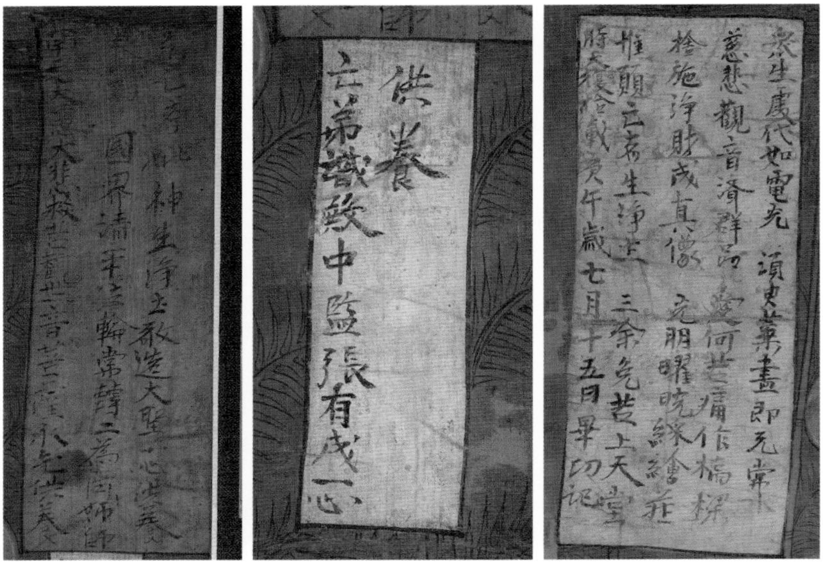

捨施淨財成真像 光明曜晃綵繪莊
惟願亡者生淨土 三塗免苦上天堂
時天復拾載庚午歲七月十五日 畢功記

這可見在十世紀初，敦煌有一長官（殿中監）張有成君為亡姊阿姊師，出資造觀音像，祈求以此功德超度亡者生淨土或生天，不再受生死輪迴之苦。這同時可見觀音菩薩不單如《妙法蓮華經》第廿五品〈觀世音菩薩普門品〉中載生活中遇到各種危難，以一心稱念名號而得救。在要渡過生死鴻溝這一大關，也得依仗觀世音菩薩的大慈大悲，借祂的威德和願力，得以解決生命中的生死輪迴問題。

觀音信仰的演變及民間化現象

民間化現象

觀音為引路菩薩漸為民間信仰所用的典型實例：北宋蘇洵（一零零九—一零六六）《嘉祐集》卷十五〈極樂院造六菩薩記〉：「始予少年時，父母俱存，兄弟妻子備具，終日嬉遊，不知有死生之悲。自長女之夭，不四五年而丁母夫人之憂，蓋年二十有四矣。其後五年而喪兄希白，又一年而長子死，又四年而幼姊亡，又五年而次女卒。至於丁亥之歲，先君去世，又六年而失其幼女，服未既，而有長姊之喪。悲憂慘愴之氣，鬱積而未散，蓋年四十有九而喪妻焉。嗟夫，三十年之間，而骨肉之親零落無幾。逝將南去，由荊、楚走大梁，然後訪吳、越，適燕、趙，徜徉於四方以忘其老。將去，慨然顧墳墓，追念死者，恐其魂神精爽滯於幽陰冥漠之間，而不獲曠然遊乎逍遙之鄉，於是造六菩薩並龕座二所。蓋釋氏所謂觀音、勢至、天藏、地藏、解冤結、引路王者，置於極樂院阿彌如來之堂。庶幾死者有知，或生於天，或生於人，四方上下，所適如意，亦若余之遊於四方而無繫云爾。」[26] 從〈極樂院造六菩薩記〉中可見，在大眾意識中，觀音為眾菩薩之首，負責引路，引領亡者至西方極樂淨土阿彌陀佛處。

可以推測理解，在一般百姓思想中，如來佛（無論是本師釋迦牟尼或與本文有關的阿彌陀佛、或其他如東方琉璃光如來等佛），都是完美圓滿、莊嚴聖潔、至高無上，恰與人類相反，所以對眾生來說，感覺這太神聖、非常遙不可及。而菩薩（尤其觀世音菩薩），擁有近乎佛的完美智慧，卻相對較可親，沒有那種觸不可及的距離感，所以，當淨土法門盛行，漢地佛門內的大乘修行人，自修兼弘法，把佛陀教育外傳至民間。門內人依教奉行，以佛教圖像在修習的工具之一。而門外，因觀世音菩薩自三世紀開始在多處的應驗，漸衍生「較親民的版本」：引路菩薩、送子觀音等民間佛教的圖像，一生一死，皆與觀世音菩薩有密切關係。

演變及重要性

以現存的引路菩薩圖像，併以漢傳佛教的發展作考量，可以推論引路菩薩是佛教由印度傳入華至唐代，融入許多本土文化及人民需要，而發展出具本土特色的佛教，一般稱中國佛教或漢傳佛教。而引路菩薩是這本土化佛教文化熏陶下的產物。如〈觀世音菩薩普門品〉在三世紀獨立而出成《光音經》和《觀音經》[27]，引路菩薩圖像亦然。從敦煌出土抄經及絹畫可見，自佛教在東土建立起來後，民眾覺得有需要更直接快速地與觀音菩薩聯繫，達到解決解救的效果。始自宋代開始，民間更有送子觀音造像等的創造，而且一直流行至今。

引路菩薩的工具和功能

香爐與寶幢

柄香爐又名：柄香呂、手爐、柄爐、提爐。為有柄之金屬香爐，柄長七寸，乃至一尺許。其形狀有多種，古式之形狀尾端作獅子形，有鑄製、鍛製或青銅鍍金、真鍮製等類。《淨飯王般涅槃經》載：「如來躬身手執香爐，在喪前行。」[28]

法人陸庫克（Albert von Le Coq, 1860-1930）[29] 於中亞細亞發現青銅柄香爐，約為公元二、三世紀時期遺物。英人史坦因（A. Stein）所發現敦煌千佛洞之佛畫中，有右手擎柄香爐、左手持蓮華之引路菩薩像。[30] 此外，日本正倉院內藏紫檀金鈿柄香爐，[31] 及法隆寺內藏多個八至九世紀柄香爐，推測為中國唐代所傳至日本使用並珍藏的柄香爐。[32]

幢，又作寶幢、天幢等，是旗的一種，即附有種種絲帛，用以莊嚴佛菩薩及道場的旗幟。幢原用於王者之儀衛，或作為猛將之指揮旗；由於佛為法王，能降伏一切魔軍，故稱佛說法為建法幢，並視幢為莊嚴具，用來讚嘆佛菩薩及莊嚴道場。

幢之規制不一，多半以絹布等物製作，幢身兩邊置間隔，附八個或十個絲帛，又下邊附四個絲帛，多半繡有佛像，或塗上色彩。如《法隆寺伽藍緣起并流記資財帳》謂，幢四具，衣具紺色。廣隆寺記存幢二具，各有金銅花形。[33]

幢亦被視為佛菩薩之持物，如胎藏界曼荼羅之地藏菩薩及風天、阿彌陀二十五菩薩來迎圖之藥王菩薩，及敦煌出土之引路菩薩等都持幢，藏經洞出土的唐宋時期幢實物數量也多，尺寸大小相差也大，現藏敦煌、英、法等地。寶幢如來、地藏菩薩、金剛幢菩薩、風天等都以幢為三昧耶形。此外，幢竿頭安有如意寶珠者稱為如意幢、摩尼幢，安有人頭者則稱為檀拏幢或人頭幢。[34] 日本法隆寺內藏多幅七至八世紀幢，推測為中國唐代所傳至日本使用並珍藏。[35]

工具與功能

《妙法蓮華經》卷五〈分別功德品〉中云：「一一諸佛前，寶幢懸勝幡。亦以千萬偈、歌詠諸如來。」[36] 幢有莊嚴道場的作用，環境與心境互動，故能幫助清淨身心，同時表達自己對佛菩薩的供養心。佛菩薩已成就果位，不需要人的供養，相反是借這契合讓人修習謙遜、敬仰和布施的供養心，有助清淨意念，與淨土相應。

《佛說大乘造像功德經》卷一：「爾時優陀延王嚴整四兵以為侍從，乘大白象珍寶綺飾，躬自荷戴所造之像，花幡音樂隨逐供養，從其本國向僧伽尸城。」[37]

《觀念阿彌陀佛相海三昧功德法門》載：「依經觀想像觀真身觀觀音勢至等觀。現生於念念中除

這樣的現象值得觀察。其情況有可能是因為：（一）淨土信仰及觀音菩薩在唐代盛行，以至有觀音菩薩以主尊的「身份」出現的絹畫及壁畫，不再以脅侍菩薩的「角色」出現。如敦煌莫高窟建於初唐五十七窟南壁中央説法圖，觀音菩薩以脅侍菩薩的身份出現，而至建於盛唐四十五窟南壁的觀音經變中，觀音菩薩以主角的身份出現。及至藏經洞出土，現藏英、法等地多幅中、晚唐時期創造的正統與佛經有直接關係的觀音經變絹畫（例：1919,0101,0.2）、觀經變相圖（例：1919,0101,0.1）等，漢傳佛教[41]衍生的觀音菩薩圖像，如引路菩薩圖（例：1919,0101,0.46 / 1919,0101,0.47）、水月觀音圖（例：1919,0101,0.15）、如意輪觀音菩薩像（例：1919,0101,0.10）、六臂觀音菩薩像（例：1919,0101,0.162）、大慈大悲救苦觀世音菩薩圖（例：1919,0101,0.14）等，皆以主尊菩薩出現。

以 1919,0101,0.14 為例，此觀音圖像有題記：「南無大慈大悲救苦觀世音菩薩　永充供養　奉為國界清平　法輪常轉二為阿姊師　慈亡考妣神生淨土敬造大聖一心供養」天復十年（九一零），雖造型與 1919,0101,0.46 及 1919,0101,0.47 有別，然而內容同樣以超度亡魂至淨土為主題。[42]

敦煌莫高窟初唐 57 窟南壁中央的說法圖，阿彌陀佛右邊脅侍菩薩為觀世音菩薩。
（圖：敦煌研究院提供）

觀音的生死關懷

阿彌陀佛、觀世音菩薩和大勢至菩薩，稱「西方三聖」。《阿彌陀經》是代表無量光明、無量壽命、無量功德。觀音菩薩代表大慈大悲，宇宙的大慈悲。大勢至菩薩是代表喜捨。西方三聖是指西方淨土的三位覺者，現代社會中，不論在寺院或民間廟宇，都能見到——的西方三聖圖像，以阿彌陀佛在中央為主尊，阿彌陀佛左邊脅侍菩薩為觀世音菩薩，和右邊脅侍菩薩為大勢至菩薩，西方三聖又稱「阿彌陀三尊」。在敦煌莫高窟初唐所建造的五十七窟中，南壁説法圖中，見到阿彌陀佛在中央，觀世音菩薩則為右脅侍，大勢至菩薩左脅侍，此初唐版本與現代版本不同。阿彌陀佛，又名無量佛、無量光佛、無量壽佛等。

《阿彌陀經》中記載佛告舍利弗：「從是西方過十萬億佛土，有世界名曰極樂。其土有佛，號阿彌陀，今現在説法。舍利弗！彼土何故名為極樂？其國眾生無有眾苦，但受諸樂，故名極樂。」[43] 阿彌陀佛在過去久遠劫時曾立下大願，要建立西方淨土，廣度無邊眾生，成就無量莊嚴功德。他本是世自在王如來時的法藏比丘，之後以最善巧的方法來度化眾生成就一個善美的佛國。法藏比丘成阿彌陀佛後創造了西方極樂世界，而觀世音菩薩是佛教中慈悲和智慧的象徵，無論在大乘佛教還是在民間信仰，都具有極其重要的地位。觀世音菩薩以大慈大悲精神為特色，大慈大悲、大智大慧也是大乘佛教的根本。

持名與得救

《千光眼觀自在菩薩祕密法經》：「我念往昔時，觀自在菩薩於我前成佛，號曰『正法明』，十號具足。我於彼時為彼佛下作苦行弟子，蒙其教化，今得成佛。十方如來皆由觀自在教化之力故，於妙國土得無上道，轉妙法輪。」[44] 觀世音是過去的正法明如來所現化，與阿彌陀佛有着特殊的關係。祂是西方三聖中的一尊，也是一生補處的法身大士，是繼承阿彌陀佛位的菩薩。

《千光眼觀自在菩薩祕密法經》又載：「若欲往生十方淨土者。當修青蓮法。其見佛觀自在像。相好威光如前無異。但右手執青蓮華。左手當右乳上顯掌。畫像已。印相作蓮華合散如開花勢。」[45]

《千手千眼觀世音菩薩廣大圓滿無礙大悲心陀羅尼經》載：「觀世音菩薩，不可思議之神力，已於過去無量劫中，已作佛竟，號『正法明如來』，大慈願力，安樂眾生故，現作菩薩。」[46] 在過去中，釋迦牟尼佛還是觀音菩薩的弟子，當時觀音菩薩是正法明如來。由於觀世音菩薩的大悲願力及所發菩提心，為了安樂一切眾生成就一切眾生的道業，故仍然示現為菩薩因祂以救苦救難為己任，故在民間的影響極為深遠。

觀相與接引

以上分析世上僅存的引路菩薩圖像，在不同朝代所創造的圖像，風格略有不同。唯一不變的是主人翁皆合十向菩薩。合十在佛門具象徵意義。上下合十：上合「十方一切諸佛」，與佛如來同一慈力，本妙覺心合而為一；下合「十方一切六道眾生」，與諸眾生同一慈仰。

造像是修福，觀相則為修行的方法之一。而造像不單是出資，自己修福報，同時利益了他人也可以觀相，達到「自利利他，修福修慧」的效益。《觀無量壽佛經》卷一中記載：「佛告阿難：『若欲觀觀世音菩薩當作是觀。作是觀者不遇諸禍，淨除業障，除無數劫生死之罪。如此菩薩，但聞其名，獲無量福，何況諦觀！若有欲觀觀世音菩薩者，當先觀頂上肉髻，次觀天冠。其餘眾相亦次第觀之，悉令明了，如觀掌中。作是觀者，名為正觀。若他觀者，名為邪觀。』」[47] 佛告訴阿難觀想觀世音菩薩也是往生淨土的方法之一。但有註明觀想的方法從頭頂肉髻開始，繼而觀天冠等，至清楚明瞭。如方法錯了，便不起效應。

《千光眼觀自在菩薩祕密法經》：「若人欲見諸如來者。當修紫蓮法。其見蓮觀自在像。相好莊嚴如上所說。但右手執紫蓮華。左手當心仰上。畫像已。印相作蓮華合掌。如開花勢散之。」[48]《千光眼觀自在菩薩祕密法經》又載：「若為諸佛來授手者。應修數珠法。其念珠觀自在菩薩像。相好莊嚴如上所說。但右手捻數珠。左手當膝如摩勢。畫像已。其印相左右手取所持念珠頂戴三度。歸命相。」[49] 這是唐密修持法，舉例說明，觀世音菩薩圖像中菩薩持蓮或持念珠，並不是畫家或出資者的個人喜好與意願，而是觀相配與觀想和持咒所起的身、口、意作用。眼觀相、口持咒、意念想，三業共作修清淨之法。

由此可見，製造一幅引路觀音菩薩圖像，可以有多重意義：一、做功德，自利和利他，修福修慧；二、視覺效果上，亡者已得到佛菩薩的接引，死後得往生淨土，並已在途中。如英藏 1919,0101,0.47(Ch.lvii.002)、法藏 MG 26461、EO 1398(P 175)、EO 1133 所表現的情況。亡者家屬（出資造像者）也會特別安全心，有生死的鴻溝中得到慰藉。三、引路觀音菩薩圖像對其他觀者也具教育意義及宣揚觀音引路往生淨土的信息，令未來亡者及有準備往生的意義。筆者認為讀經即聞法，觀像如見佛，同是聞、思、修；修習戒、定、慧。《月燈三昧經》載：「念佛相好及德行，能使諸根不亂動，心無迷惑與法合，得聞得智如大海。」[50]

其實要往生淨土，永斷生死輪迴之苦，如《圓覺經》載，需下功夫，斷貪欲，除愛渴。《圓覺經》載：「菩薩變化示現世間非愛為本，但以慈悲令彼捨愛，假諸貪欲而入生死。若諸末世一切眾生能捨諸欲，及除憎愛永斷輪迴，勤求如來圓覺境界，於清淨心便得開悟。」[51]《圓覺經》又載佛言：「菩薩於此中，能發菩提心，末世諸眾生，修此免邪見。」[52] 觀音菩薩大慈大悲，廣設方便，讓人如願。

且暫靠他力往生淨土，免輪迴之苦，但究竟也得能發菩提心，善待一切眾生，修習大乘佛法，無條件的平等博愛，方得他日證覺。

《觀無量壽佛經》卷一中又載：「凡生西方有九品人。上品上生者，若有眾生願生彼國者，發三種心，即便往生。……生彼國時，此人精進勇猛故，阿彌陀如來與觀世音及大勢至，無數化佛，……無量諸天，七寶宮殿，觀世音菩薩執金剛臺，與大勢至菩薩至行者前。阿彌陀佛放大光明，照行者身，與諸菩薩授手迎接。觀世音、大勢至與無數菩薩，讚嘆行者，勸進其心。行者見已，歡喜踴躍。自見其身乘金剛臺，隨從佛後，如彈指頃，往生彼國。……是名上品上生者。」[53]

「觀世音菩薩執金剛臺，與大勢至菩薩至行者前。阿彌陀佛放大光明，照行者身，與諸菩薩授手迎接。」對娑婆眾生而言，觀音菩薩比較親民，所以經典內明明除了觀音菩薩，也記載了大勢至菩薩給阿彌陀佛接引，但是大家都願意親近觀世音菩薩。相信觀世音菩薩的授手接引至淨土。觀音菩薩與娑婆眾生特別有緣。

《千光眼觀自在菩薩祕密法經》：

歸命千光眼，大悲觀自在。具足百千手，其眼亦復然。
作世間父母，能施眾生願。是故婆伽鑁，祕說此勝法。

先發大誓願，欲度一切眾。至誠稱念彼，西方無量壽。
所以念本尊，誦根本大呪。隨智而修行，是法速成就。

引路菩薩的現象和意義

本篇主要探討觀音菩薩作為引路菩薩的現象和意義，探討目的是為了充份了解觀音法門中接引亡者往生淨土的方法，及觀音菩薩的生命關懷。通常一般普羅大眾比較知道《妙法蓮華經》第廿五品〈觀世音菩薩普門品〉持名法門，當生命受到威脅時一稱名，誦念觀音菩薩名號，所謂「臨急抱佛腳」。知道觀音菩薩的大悲，一心稱念，承蒙祂的願力和能力加被，讓眾生度生死輪迴苦海；學習觀音菩薩的大智，明白因果，了然於生死，明了一切諸法性空緣起，本無實我。

早在唐代，民間已流行以圖像來表達及化解人對生死大事的依靠和祈願，也重重地交付在觀音菩薩手中。可見在民間，觀音菩薩於生活和生死，兩大人生要題，展示了關懷和大能。唐代不空（七零五—七七四）三藏法師譯出《佛說大方廣曼殊室利經》中道：「爾時觀自在菩薩摩訶薩。頂禮尊足讚如來已。還就本座作如是言。但……以三昧力。從其面輪右目瞳中放大光明。隨光流出現妙女形……能息眾生種種苦惱。亦能喜悅一切眾生。遍入諸佛法界自性。由如虛空平等住故。普告眾生作如是言。誰在變苦誰在流溺生死海中。我令誓度。作是語已。遍遊無量無邊世界。還至佛所右遶三匝。頭面作禮觀自在菩薩摩訶薩足。合掌恭敬持青蓮華。瞻仰菩薩受教而住。思念如來自在神力。以清涼光普照眾生。猶如世間清涼月輪能除熱惱。一切幽瞑無不照了。復過於是含嬉微笑。憐愍眾生猶如慈母。以慈悲光普照佛剎。」[54]

當中「隨光流出現妙女形……誰在變苦誰在流溺生死海中。我令誓度……憐愍眾生猶如慈母。」尤其重要。這解釋了為何經卷開首時佛陀稱呼觀世音菩薩作善男子，而唐代觀音形象呈現出有鬍鬚的美女的形象，觀音菩薩承諾承擔救出流溺於生死苦海中的眾生的誓言，這種無私付出的大愛，如我們可以理解的慈母般的慈愛。

在佛陀的教義中，生命的意義，在於增進人生的真善美，在於懂得永恆的生命。人的色身雖然有老死，真實的生命是不死的，就如薪火一樣，賡續不已。因此，人生的意義不在於壽命的久長，乃在於對人間能有所貢獻、有所利益。[55]

「觀色即空成大智而不住生死。觀空即色成大悲而不住涅槃。以色空無二。悲智不殊。方為真實也。」[56] 觀世音菩薩因為不忍見眾生在娑婆世界受無量苦，寧願自己不入涅槃而達至最終目標，延期留後在菩薩階段，聞聲救苦我來照顧大家，幫助大家脫離輪迴，觀音菩薩的大智大悲從此可見一斑。這正合乎菩薩所發四弘誓願的內容：「眾生無邊誓願度，煩惱無盡誓願斷，法門無量誓願學，佛道無上誓願成。」真實不虛。祂不厭其煩地隨順眾生，無畏施予至如願圓滿，觀世音菩薩以自己得道的方式，耳根圓通，來幫助眾生，以自己的慧命來供養另外百千億眾生的慧命。令所願皆成，所作皆辦，圓融、圓通、圓滿。

英藏「引路菩薩」絹畫，館藏編號：
1919,0101,0.46（圖：國際敦煌項目）

1 姚秦．鳩摩羅什（Kumārajīva, 344-413）譯：《妙法蓮華經》卷7〈觀世音菩薩普門品〉第25，《大正藏》第9冊，號0262，[0056c05]。tripitaka.cbeta.org/T09n0262_007。

2 星雲大師：〈禮拜〉，《佛法真義（第3冊）》，頁88。

3 同註1。

4 參《佛光大辭典》「引路菩薩」條：「引導臨終者去路之菩薩。其名號未見諸經典，唐末宋初，與淨土教之流行共同興起之民間信仰。英國學者史坦因（Stein）曾由敦煌千佛洞持還此菩薩之圖像，為唐末之製作。圖中，引路菩薩著瓔珞天衣，右手持柄香爐，爐中出香煙一縷，浮五彩雲，雲中現淨土寶樓閣，左手持蓮華，附有寶幢，並有一女子隨其身後，共乘飛雲。〔藥師琉璃光如來本願功德經、蘇老泉先生全集第十五極樂院造六菩薩記〕p1394」https://www.fgs.org.tw/fgs_book/fgs_drser.aspx（2020.06.04瀏覽）。

5 參《中華佛教百科全書》「引路菩薩」條：「引路菩薩，即引導亡者往生淨土的菩薩。其名號未見諸經典，然敦煌千佛洞之出土物中有其圖像及其名號。此中，斯坦因所蒐藏之圖像為唐末之作品。菩薩身以瓔珞天衣莊嚴，其右手持柄香爐，爐中出香煙一縷，煙中有五彩雲，雲中現淨土寶樓閣。左手持蓮華，華上有寶幢。其身後有一女人隨從。圖之右上方，書『引路菩』三字。此外，伯希和所蒐藏者，分為上下兩部分。上半繪地藏菩薩趺坐寶座；下半又直分為三部分，其左端所繪菩薩與斯坦因所藏圖同趣。左上書『引路菩薩』四字，右端繪飛雲，雲上亦繪有與斯坦因所藏圖像相同之貴婦人隨從在菩薩身後。中央部分為銘文，雖損毀嚴重，然大抵可知該圖係宋代太平興國年間（976-983），為王妃祈福所繪。宋代以後，引路菩薩漸演變成民間信仰。在喪事出殯行列中，常有書寫『往西方引路王菩薩』的輓旗，由人持在行列的前面，以導引亡者往生西方。」https://www.fgs.org.tw/fgs_book/fgs_drser.aspx。並見《一行佛學辭典》：http://buddhaspace.org/dict/index.php（2020.06.08瀏覽）。

6 大英博物館中文網：http://britishmuseum.org.cn/exhibition.aspx?id=136

7 國際敦煌項目：http://idp.bl.uk/database/oo_scroll_h.a4d?uid=2448031076;bst=51;recnum=40480;index=61 (checked and download the image on 2020.6.2).

8 敦煌研究院編：《敦煌藝術精華》（*The Cream of Dunhuang Art*），香港：廣彙出版，1989年，頁2。

9 松本榮一：《引路菩薩考》，《國華》387號，1922年8月。

10 松本榮一：《地藏十王圖與引路菩薩》，《國華》515號，1933年10月。

11 塚本善隆：《引路菩薩信仰考》，京都《東方學報》第1期，1931年3月。

12 沙武田：〈敦煌引路菩薩像畫稿〉，《敦煌研究》，2006年第1期。

13 李欣苗：《昆盧寺壁畫引路菩薩與水陸畫的關係》，《美術觀察》2005年第6期。

14 王惠民：《莫高窟第205窟施寶觀音與施甘露觀音圖像考釋》，《敦煌學輯》2010年第1期。

15 參《中華佛教百科全書》：http://buddhaspace.org/dict/index.php（2020.06.08 瀏覽）。

16 王惠民：〈敦煌畫中的引路菩薩〉，《敦煌研究院》2010.3.26。http://public.dha.ac.cn/Content.aspx?id=808245221494&Page=2&types=1（2020.6.4 瀏覽）。

17 李潤生：〈淨土的建立理論〉，《淨土論集》，香港：2020年5月，頁43。

18 唐．般剌蜜帝（Pramiti）譯：《大佛頂如來密因修證了義諸菩薩萬行首楞嚴經》卷2〈分別功德品〉第17，《大正藏》第19冊，號0945，[0111a08]。http://tripitaka.cbeta.org/T19n0945_002。

19 北涼．曇無讖（Dharmakṣema，385-433/439?）譯：《悲華經》卷3〈大施品〉第3之2，《大正藏》第3冊，號0157，[0186a25]。http://tripitaka.cbeta.org/T03n0157_003。

20 惟國際敦煌項目上載的MG 26461的圖像解像度不高，故未能如願看清題記內容。（2020.6.10 瀏覽）。

21 《唐研究》卷10，頁552。

22 國際敦煌項目上載的MG 17687的圖像解像度不高，但文章內容仍清晰可見。（2020.6.10 瀏覽）。

23 《唐研究》卷10，頁552。

24 宿白：《唐宋期間的雕版印刷》。

25 國際敦煌項目：http://idp.bl.uk/database/oo_scroll_h.a4d?uid=13775694805;recnum=40193;index=1

26 慈怡法師主編，台灣：《佛光大辭典》，頁1394。

27 參拙作〈《觀音感應記》與《觀音經》〉，《佛教文化與現代實踐》，香港：中華書局，2014，頁95-131。

28 宋．沮渠京聲（?-464）譯：《淨飯王般涅槃經》卷 1，《大正藏》第 14 冊，號 0512，[0783a13]。http://tripitaka.cbeta.org/T14n0512_001。

29 「為德國之東方學學者。生於柏林。曾任柏林民俗博物館之義務職員，從事阿拉伯、波斯、土耳其等語言之研究。1904 年赴東土耳其斯坦（筆者按：即東突厥斯坦，今新疆）從事考古探險，遂令罕為人知之東土耳其斯坦文化及造型美術首次公諸於世。此外，氏以其深湛之語言造詣，在吐魯番發現西方世界已絕滅之摩尼教文獻及繪畫資料。氏廣為蒐集有關造型美術之遺品，並深入研究以佛教藝術為主流之當地狀況等，而一一輯錄成書，即中央亞細亞佛教徒之古代終期（*Die Buddhistische Spa/tantike in Mittelasien*, 1922-1933）、高昌（*Chotscho*, 1913）等鉅著。另著有入門書、旅行記等，亦多裨益於學界。」參《佛學大辭典．大藏經在線》：http://dzj520.com/cidian/cidian1/9762.html（2020.06.09 瀏覽）。

30 參《佛光大辭典》：http://buddhaspace.org/dict/index.php（2020.06.08 瀏覽）。

31 （南倉 52）《第 67 回正倉院展》，奈良國立博物館，2015 年，頁 12。

32 《法隆寺昭和資財帳調查完成記得念——國寶法隆寺展》，東京國立博物館，1994 年，頁 132。

33 《廣隆寺資財校替實錄帳》。

34 參《中華佛教百科全書》：http://buddhaspace.org/dict/index.php（2020.06.08 瀏覽）。參考資料：《無量壽經》卷上；《大日經疏》卷 6；《慧琳音義》卷 29。

35 《法隆寺昭和資財帳調查完成記得念——國寶法隆寺展》，東京國立博物館，頁 161-166。

36 姚秦．鳩摩羅什（Kumārajīva, 344-413）譯：《妙法蓮華經》卷 5〈分別功德品〉第 17，《大正藏》第 9 冊，號 0262，[0044b08]。https://tripitaka.cbeta.org/T09n0262_005。

37 唐．提雲般若（Devaprajñ ā）譯：《佛說大乘造像功德經》卷 1，《大正藏》第 16 冊，號 0694，[0792b14]。http://tripitaka.cbeta.org/T16n0694_001。

38 《觀念阿彌陀佛相海三昧功德法門》，[0025a23]。http://tripitaka.cbeta.org/T47n1959_001。

39 善導記：《觀念阿彌陀佛相海三昧功德法門》，《大正藏》第 47 冊，號 1959，[0056c05][0025a15]。http://tripitaka.cbeta.org/T47n1959_001。

40 敦煌研究院（http://public.dha.ac.cn/content.aspx?id=808245221494）。

41 唐代的漢傳佛教兼藏密元素。

42 圖像來源：國際敦煌項目（2020.06.08 瀏覽）。

43 姚秦・鳩摩羅什（Kumārajīva, 344-413）譯：《阿彌陀經》，《大正藏》第 12 冊，號 0366，[0346c10]。http://tripitaka.cbeta.org/T12n0366_001。

44 唐・蘇嚩羅（Samādhicvara）譯：《千光眼觀自在菩薩祕密法經》，《大正藏》第 20 冊，號 1065。http://tripitaka.cbeta.org/T20n1065_001。

45 《千光眼觀自在菩薩祕密法經》，[0123a19]。

46 唐・伽梵達摩（Bhagavaddharma）譯：《千手千眼觀世音菩薩廣大圓滿無礙大悲心陀羅尼經》，《大正藏》第 20 冊，號 1060。http://tripitaka.cbeta.org/T20n1060_001。

47 宋・畺良耶舍（Kālaṃ yaśas, 383-442）譯：《觀無量壽佛經》卷 1，《大正藏》第 12 冊，號 0365，[0344a11]。http://tripitaka.cbeta.org/T12n0365_001。

48 《千光眼觀自在菩薩祕密法經》[0123b03]。

49 《千光眼觀自在菩薩祕密法經》[0123c17]。

50 那連提耶舍（梵名 Narendrayaśas, 490-589）譯：《月燈三昧經》卷 1，《大正藏》第 15 冊，號 0639，[0553a10]。

51 唐・佛陀多羅（梵名 Buddhatr ā ta）譯：《大方廣圓覺修多羅了義經》卷 1，《大正藏》第 17 冊，號 0842，[0916b15]，https://tripitaka.cbeta.org/T17n0842_001。

52 《大方廣圓覺修多羅了義經》卷 1，[0914a23]。

53 《觀無量壽佛經》卷 1，[0344c09]。

54 唐・不空譯：《佛說大方廣曼殊室利經》卷一〈觀自在菩薩授記品〉，《大正藏》第 20 冊，號 1101，[0450c02]。http://tripitaka.cbeta.org/T20n1101_001。

55 星雲大師：《人間佛教語錄》，台北：香海文化，2008 月 4 月。

56 唐・法藏（642-712）《修華嚴奧旨妄盡還源觀》，《大正藏》45 冊，No. 1876，[0638a28]。http://tripitaka.cbeta.org/T45n1876_001。

【第8章】

尋找觀世音

——香港的觀音寺廟

也許你會懷疑：「世上真的有觀世音菩薩嗎？」

我也曾問：「觀音菩薩真的靈驗嗎？」

我們在生活中用肉眼未能看見，甚至在夢中也未曾相遇。觀音菩薩究竟在哪裏？為甚麼我們遍尋不着？

觀音菩薩不是坐在某間寺廟的蓮花座上，也不必論哪間寺院的觀音菩薩更莊嚴更靈驗。當我們因不忍見他人受苦而起一念慈悲，當我們因幫助別人而生起一刻智慧，我們便與觀音菩薩相應，觀世音菩薩已出現在我們的心中了。

慈山寺內的莊嚴大型戶外觀世音菩薩像（圖： 慈山寺提供）

與觀音有緣

筆者為了調研，到訪了在香港十多間特別與觀音菩薩有緣的寺廟，並與三十三位善知識做訪談：有面對面的互動訪談，也有透過電話訪談，另外還有透過書面問卷的查詢。以下分享一些訪談結果：

香港佛教聯合會會長寬運大和尚說：「我們中國人家家都是觀世音，戶戶都是阿彌陀，可能很多人不知道釋迦牟尼佛，但是沒有不知道觀音菩薩的。在儒家裏，叫觀音娘娘；在道教裏叫慈航真人、觀音大士；在佛教裏就是觀音菩薩。其實觀音菩薩很早就成佛了，所以又叫做觀音古佛，號正法明如來，到今天我們仍多稱觀世音菩薩。」

觀音菩薩在過去無量劫世紀，是千光明功德善王菩薩，所以說祂將來也是再次成佛的。祂與娑婆世界有很大因緣，與釋迦牟尼佛、地藏菩薩合稱為「娑婆三聖」。祂本來也是個補位佛。《地藏菩薩本願經》記載：「佛告觀世音菩薩，汝於娑婆世界有大因緣，若天若龍若男若女若神若鬼，乃至六道罪苦眾生，聞汝名者，見汝形者，戀慕汝者，讚嘆汝者，是諸眾生於無上道必不退轉，常生人天具受妙樂。」阿彌陀佛、觀音菩薩和大勢至菩薩，合稱「西方三聖」。所以說觀音菩薩與娑婆世界及西方淨土世界皆有非常深厚殊勝因緣。

香港寶蓮寺方丈淨因大和尚説：「觀音菩薩之所以成為亞洲人的信仰，(首先）是因為祂能滿足各種各樣的需求，所以最低一層的要求不表示不好，因為每個人的起步點是不同的；第二是視觀音菩薩為一個療癒師，各人有各人的苦難，他們在觀音信仰中能找到療癒方法。觀音信仰是幫人，無分高低。」前香港大學副校長、香港佛教學院院長李焯芬教授表示：「在中國（乃至整個東亞），觀音信仰自古以來便深入民間。和許多中國人一樣，我自少就接觸到觀音信仰；與觀音結緣則是由於近年參與了慈山寺的興建和有關活動，以及近年多次參與了觀音講堂的觀音文化節活動。」

受訪者中，大多從小因家庭因素而與觀音結緣。嗇色園黃大仙祠李耀輝監院説：「從小跟隨外祖母參拜觀音而與觀音結緣。」有「影迷公主」之稱的陳寶珠居士稱：「從小因媽媽的關係與觀音結緣，但認識不深，其後入粵劇行業，行內的長輩多信佛的，所以自己也與佛有緣，接引入佛門。」駱湛才教授表示：「自年幼居住佛山時，從與祖母一起的生活中，已經常接觸觀音信仰文化，可謂耳濡目染下早已與觀音結下不解之緣了。」佛教學者陳雁姿教授也説：「自少隨家庭信仰而信佛。」財經管理公司董事梁家齊居士謂：「自幼生長在佛教家庭，在家中已有禮佛和拜觀音菩薩，而開始學習觀音法門，始於母親贈送了一冊斌宗法師的《般若波羅蜜多心經要釋》，因而每天早上念了《心經》才上班。母親往生後，就發了願每年詳細研讀這本《要釋》一次，轉眼已經三十年多了。久之，還持大悲咒、六字大明咒、誦《心經》、《普門品》，稱觀音菩薩聖號。」

受訪者接觸觀音，還有其他因緣，如透過朋友介紹；收藏藝術品；透過參與佛學講座及看電影；甚至是因工作關係。香港婦女界代表及慈善家劉洪文燕居士透露：「多年前新婚不久，那時未有接觸任何宗教，聽到友人說在銅鑼灣一處拜觀音，所以前去禮拜，抬頭見到觀音像是送子造型，送子觀音在華人地區廣受歡迎，所以心想不妨一試。不久有孕，所以覺得觀音很靈驗。」香港大學饒宗頤學術館副館長鄧偉雄博士則說：「（因為）收集觀音像畫作而與觀音結緣。」電影美術及服裝指導奚仲文先生表示：「我沒有正統信仰，但從小對觀音有種油然而生的好感，小時候常跟家人看電影，很多時都有觀音大士角色出現，自然潛移默化記在心中。尤其對一九六七年邵氏電影公司製作的《觀世音》印象深刻。」

尋找觀世音

香港有很多以觀音菩薩為主要供奉對象的道場，以觀音菩薩或其法門命名的如大嶼山清幽的觀音寺、隱世的圓通寺，赤柱臨海觀音寺，芙蓉山上觀音巖，鬧市清泉觀音講堂與普門寺，船形建築的香海慈航，以及五年前起對外開放、具代表性、莊嚴而清淨的慈山寺。其他觀音菩薩道場有西竺

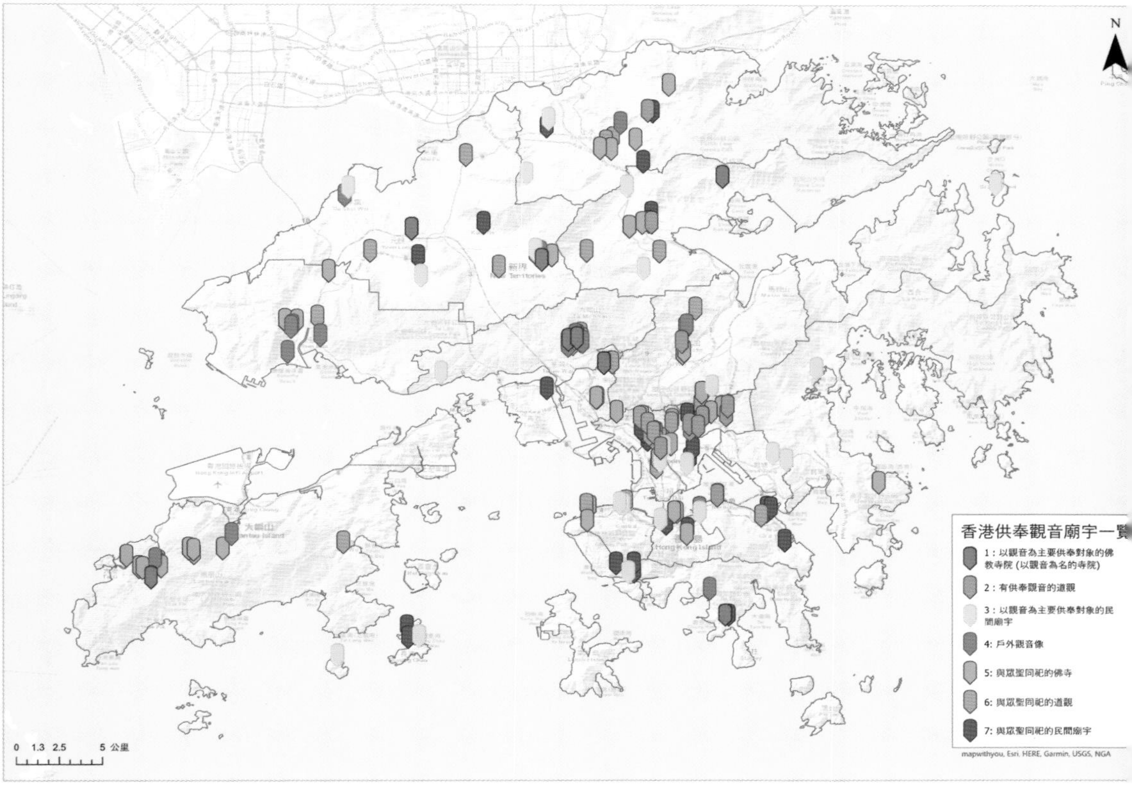

電子版地圖

全港供奉觀音廟宇一覽圖
（圖：香港中文大學圖書館數碼學術研究團隊提供）

林禪寺、秀峰禪院（國際觀音禪院成員）、香港佛光山道場和法鼓山香港道場等。道觀有嗇色園黃大仙祠、蓬瀛仙館等。還有儒、釋、道三教合一的道場如圓玄學院等。民間的觀音廟宇有大坑蓮花宮（舊稱：觀音廟）、紅磡觀音廟、西貢白沙灣觀音廟等。另外也有具代表性的鬧市清泉如志蓮淨苑，及具歷史價值和早期女性教育意義的何氏興建的東蓮覺苑，都有供奉觀音菩薩。

羌山觀音寺內莊嚴的千手千眼觀音菩薩像（何培根攝於 2020 年仲夏）

羌山觀音寺寶塔內的觀音殿，供奉千手千眼觀音菩薩像。（圖：觀音寺提供）

觀音寺的觀音殿內千手千眼觀音菩薩法相莊嚴
（圖：觀音寺提供）

觀音寺藏一尊近二百年古觀音菩薩像，工藝精細，法相莊嚴。觀音身旁是龍女和童子，龍女裙下露出紮腳，非常可愛，也證明這尊像的歷史年份。
（何培根攝於 2020 年仲夏）

進行訪談，筆者學習觀音菩薩，諦聽各方聲音、各種意見。在訪談過程中，發現有些受訪者只到指定的某一間寺院禮拜觀音菩薩。如大嶼山大澳漁民每年逢觀音誕必浩浩蕩蕩，提着水果到羗山觀音寺參拜觀音菩薩，漁民中各有所求，但都覺得觀音菩薩非常靈驗，可以保護他們平安，且有求必應，令他們如願。雖然同在大嶼山，其實路途遙遠曲折，由海岸邊上至高山，定要有真真切切的誠心才能夠做到。

香港的大小寺廟，近乎每間都有供奉觀音。香港每年每逢觀音誕，佛寺道場都會奉舉行法會或講座，以法會友，共修佛法。民間觀音廟宇舉行拜祭，燒香燒衣，表演醒獅採青，也有誦經法會，但一般較着重形式上表達慶祝觀音誕，增添節日氣氛。

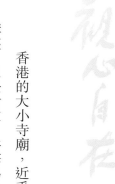

1 ： 以觀音為主要供奉對象的佛教寺院 (以觀音為名的寺院)*

	寺院名稱	地點	建立年份	主奉觀音形象	觀音聖像尺寸	其他觀音形象	總共數量
1	觀音寺	大嶼山大澳羗山	1910 年	千手千眼觀音立像	5 米高	低層存寶瓶古觀音、三樓四十八臂觀音	主要供奉 1 尊，小觀音三五尊
2	圓通寺	新界石崗	1910 年	金身寶瓶楊柳觀音立像	33 厘米	寺內二樓存寶瓶古觀音、蓮花池旁戶外漢白玉寶瓶觀音	主要供奉 2 尊，另多尊小觀音像
3	觀音巖	新界荃灣芙蓉山	1955 年	巖中金身寶瓶坐蓮觀音	約 1.5 米高	千手千眼觀音	主要供奉 1 尊
4	香海慈航	新界荃灣老圍村三疊潭	1960 年	白衣彩塑寶瓶觀音立像	約 6 至 7 米高	（不詳）	主要供奉 1 尊
5	觀音寺	港島赤柱馬坑村	1964 年	望海觀音	約 15 米高	殿內四十八臂觀音	3 尊
6	普門寺	元朗水車館街 70 號	2000 年	金身寶瓶楊柳觀音	（不詳）	千手觀音、蓮花觀音	3 尊
7	慈山寺	新界大埔普門路	2015 年	持珠寶瓶觀音	70 米高	如意輪觀音等	2 尊
8	觀音講堂	新界葵涌和宜合道 50-56 號葵涌花園商場	2015 年	千手千眼觀音立像	約 5 米高	持蓮觀音、寶瓶觀音等	主要供奉 1 尊，另小觀音三五尊

羗山觀音寺觀音殿內千手千眼
觀音菩薩像，萬分莊嚴。
（何培根攝於 2020 年仲夏）

大埔慈山寺內七十米高的觀音菩薩，代表了一個慈悲的形象，在香港有許多人歡喜，遊客也歡喜。寬運法師說：「香港還是個福地，你看我們有天壇大佛，我們有世界紀錄的兩個，觀音菩薩也是世界紀錄，李嘉誠先生也是發大心。香港有很多觀音菩薩道場，在大嶼山觀音寺，還有觀音講堂。最近六年每年在觀音講堂都舉辦（觀音文化節），以觀音菩薩的慈悲，建立一個慈悲日，因為只有慈悲，小愛昇華是大愛，大愛昇華是慈悲，慈悲昇華就是大慈大悲。」

梁家齊居士：「印象中好像每個道場都有安奉觀音菩薩的，每處都有其代表性，正是觀音菩薩常在心中，行住坐臥都可稱聖號呢！」另一位受訪者認為：只要有供奉觀音的道場均香火鼎盛，這與觀音大士有千處聲音千處應，救苦救難的精神特徵有很重要的關係，早年香港人生活艱苦，經歷戰亂和走難，在人心惶惶時向觀音菩薩祈求風調雨順、救苦救難，的確能令人心靈得到安慰和信心，繼續努力生活。這樣偉大的菩薩聖誕，自然香火也特別鼎盛。圓通寺戶外荷花池前供奉了一尊漢白玉造的持蓮觀音菩薩立像，上題「施無畏者」，對此，香港大學佛教輔導碩士課程委員會主席衍空法師說：「希望在這個動盪時代，香港人也不用擔憂，平安自在。」

上環列聖宮內供奉的古典莊嚴的觀音菩薩像（駱慧瑛攝於 2020 年仲夏）

香港觀音誕

對於早年及近年在香港的觀音誕活動，受訪者大家都有很多元化的觀點。香港佛教聯合會會長寬運大和尚表示：「香港很有特色，正月二十六是觀音開庫，這在香港和廣州才有，其他地方都沒有。這也就是菩薩尋聲救苦，因為一般人都是求利益，希望藉此得到好處。農曆二月十九是觀音菩薩的誕辰；六月十九是他的成道日；九月十九是他的出家日。我們香港儒、釋、道三教，也是在每年農曆九月十九觀音菩薩的出家紀念日，舉行『觀音文化節』的活動，所謂『慈』能與樂，『悲』能拔苦，觀音菩薩代表的就是『慈悲』。」

對香港觀音文化衍生活動如觀音借庫及大坑舞火龍等的看法，受訪者持態度不一，有些受訪者持嚴謹態度。寬運大和尚說：「其實佛菩薩不賜福，也不降財，福禍是我們自招的。但是大部份人還是要去求，把信仰變得功利。佛教是覺悟的教，所謂『先以欲鈎牽，後令入佛智』，讓每個人都得到祝福然後安心；安頓生活後，才有條件和精神參悟修行，最終才能達到照見五蘊皆空的境界，那時才能心無罣礙。」香港理工大學榮休校長潘宗光教授表示：「不認同觀音借庫，不認同鼓吹貪念。舞火龍則無妨，能透過文化活動，激發大眾對觀音的信心。」

香港佛教聯合會副會長紹根老長表示，在民間衍生的觀音誕活動如借庫，很多人信奉，因大家

上環列聖宮內敬奉的觀音菩薩（駱慧瑛攝於 2020 年仲夏）

都希望發大財，生活順境，但那是迷信。要心想事成，要財富，是要有福報的，想要有福報，就要自己去種福田的。那是歷生修來的因緣果報。修習佛法越一個甲子的福慧慈善基金會主席嚴崔秀琼居士分享：「在佛經記載，觀世音菩薩早已成佛，為度此界眾生，出現於娑婆。因為是古佛化生，無所謂誕辰。但我們一向訂定了『出家、降生、成道』等的日期，以佛法中（世）俗諦（世間）法而有分別。」

潘宗光教授表示：「觀音在中國文化中最廣受大眾歡迎和愛戴。香港有很多佛教團體在觀音聖誕時舉辦相關法會和活動。整體感覺是良好和正面的。參與人眾，因大家都有所求，尤其在這末法時代，很多人都求利己的事。」李焯芬教授說：「過去多年，在觀音講堂寬運法師主辦的觀音文化節活動中，香港的天主教、道教及孔教人士亦積極參與。大家共同推廣觀音菩薩的慈悲精神，這非常有意義。」

李耀輝監院又說：「借庫為商人謀利伎倆，世俗活動，本人並不贊同；舞火龍是集體活動，文化健康活動，非常贊成舉辦。」陳雁姿教授則指出：「較多是民間信仰，亦是儒釋道三教都供奉的菩薩，深人民心，很受民眾信奉。」陳寶珠居士分享：「每年觀音誕都是守齋期，除初一及十五外，在觀音誕日也會持素。」

有些訪者則持較開放態度，如劉洪文燕居士，她說：「起碼未有機緣聽聞佛法的，都有機會接觸觀音菩薩。觀音誕衍生活動如觀音借庫能給人希望，人需要希望和鼓勵，才有動力去努力，尤其在

上環列聖宮內，大眾把寫下的心願奉上在觀音菩薩蓮座前，
祈求透過近距離接觸能得到觀音菩薩的諦聽。
（駱慧瑛攝於 2020 年仲夏）

有緣有份，佳偶天成
絲帶將由本廟
全權代為焚化，
以敬告和合二仙
東華三院列聖宮
普信敬拜
白頭到老，永結同心

上環列聖宮前庭內設有供大眾祈願的塑膠桃花樹，令人感到四季都在春日中。
（駱慧瑛攝於 2020 年仲夏）

一年之始。另外，舞火龍等中華傳統要保留和延續。有觀音的道場都特別香火鼎盛，大家都喜悅祥和，所以觀音誕是非常好的。」梁家齊居士說：「香港觀音誕很好，可以讓大眾多了解觀音菩薩法門，齊齊學習《普門品》、《心經》和《楞嚴經》，持咒和稱聖號，功德無量。」劉洪文燕居士又說：「香港觀音誕很好。無論有沒有宗教信仰的人士都會或多或少認識觀音。在觀音誕時尤其會學習觀音的慈悲而起善念。香港人需要善念，要平和，不要爭鬥。」

陳寶珠居士分享：「自己沒有參與借庫活動，但各有所求，表示尊重，亦見大眾對觀音菩薩的信任和依賴。」駱湛才教授說：「對香港觀音文化衍生活動如觀音借庫，相信當中是商業化的活動，實在與正統觀音信仰有很大的差異！」張偉鵬居士則說：「香港是一個商業社會，民間對物質財富十分看重。將在這方面的慾望(放在借庫上)，對佛教不甚了解，只是投射個人的僥倖(心態)、(希望)不勞而獲，借助他力，尤其看到觀音菩薩像的面相，像母親般慈悲，寄望觀音菩薩憐憫幫助，開庫救濟。『觀音借庫』的習俗便應運而生。」

關綺蓮居士說：「從九歲至今年六十多歲都住在蓮花宮西街，與蓮花宮只是幾步之遙，記憶中蓮花宮每逢正月廿六觀音誕舉辦的觀音借庫和中秋舞火龍都非常熱鬧。小朋友多愛熱鬧，所以覺得很歡喜。長大後，近年蓮花宮的觀音誕倒不如以往熱鬧。」洪卓恩居士則稱：「香港觀音文化衍生活動看來與觀音沒有很大的直接的關係，甚至有些文化典故過於迷信或神化。但以市場學來說，這是一

慈山寺舉辦多元化的觀音誕活動（圖：慈山寺提供）

種引起大眾對『觀音』的事蹟好奇，希望藉着這些文化活動能保留傳統中國人（華人）對觀音的信仰或傳承。」

近年香港多了以觀音作為文化事業的推廣，除了傳統的抄經及寫祈福掛卡等外，更有道場增添了畫展、遊戲攤位和表演等活動。因應新一代需求及時代進步轉變，而且香港人喜歡接受新元素，各團體也開發契合時代的新活動，接引青年人。

如近幾年慈山寺「觀音誕開放日暨捐血日」，藉着捐血的「內財布施」，可以挽救別人的生命，讓人獲得健康安樂，其精神也就是「無畏布施」，合乎該寺的宣傳口號：「慈心同德，普施無畏。」接引大眾的同時成就布施，延展至佛法布施。那是財布施外，能利益其他功德，修慈悲喜捨，學習與實踐同時進行。今年更多的是網上講座及網上法會，如香港佛光道場、觀宗寺、慈山寺等的網上法會，供大眾足不出戶便能免費參與。

近年香港儒釋道三教每年都會聯合舉辦「觀音文化節」，
很多佛教、道教及孔教人士積極參與。
（圖：觀音講堂提供）

2020 年在疫症蔓延下舉行的觀音文化節，讓我們更覺迫切需要學習觀音的慈悲和智慧，以度一切苦厄。（上：何培根攝；下：張偉鵬攝）

香港三大宗教儒釋道教團體近年每年都合辦觀音文化節，提倡慈悲精神。
（何培根攝）

由孔教學院院長湯恩佳博士、香港佛教聯合會會長寬運法師、香港道教聯合會主席梁德華道長為團體代表聯合舉辦的「觀音文化節」至今年（2020）已到第六屆，倡導每年農曆九月十九觀音菩薩出家紀念日為「慈悲日」，藉以弘揚三教均認同之「平等、清淨、和諧、仁愛、知止、喜悅」等信念。2020 年對談主題是：「眾生命運共同體——如何『疫』境中展現慈悲與智慧」。強調慈悲的同時，強調智慧。在疫症蔓延下舉行的觀音文化節，讓我們更覺迫切需要學習祂的慈悲和智慧，以度一切苦厄。（圖：觀音講堂提供）

上環太平山街的觀音堂有近二百年歷史（駱慧瑛攝於 2020 年仲夏）

在香港上環普仁街東華三院旁的路上一排樓梯前，供奉了一尊觀音像。據街坊鄰里稱：自設觀音像，希望得菩薩保祐病人平安健康。（駱慧瑛攝於 2020 年仲夏）

大埔泰亨村觀音古廟現暫關閉，有待重修。（駱慧瑛攝於 2020 年仲夏）

圓通寺內荷花池旁新設戶外漢白玉觀音菩薩像（張偉鵬攝於 2020 年仲夏）

圓通寺大殿內古樸的觀音菩薩像(張偉鵬攝於 2020 年仲夏)

圓通寺藏經閣內古色古香的觀音菩薩立像（張偉鵬攝於 2020 年仲夏）

衍空法師禮敬觀音菩薩（馬國輝攝於 2020 年仲夏）

衍空法師在圓通寺內坐禪（馬國輝攝於 2020 年仲夏）

圓通寺戶外觀音像與荷花池（馬國輝攝於 2020 年仲夏）

圓通寺荷花池含苞待放的蓮花（馬國輝攝於 2020 年仲夏）

與觀音相應

繼程法師語云：「禮拜以敬自深心，諸佛感應難思議；修禪觀空泯能所，開悟無心拜佛禪。」衍空法師開示：「觀音菩薩廣受歡迎，因為祂靈驗。但感應之事，不方便說，沒有修習佛法的人，會容易陷於迷信。我偶爾在夢中得到觀音菩薩啟示，在日常生活中也有感到觀音菩薩的回應。」

有些訪者表示與觀音菩薩感應於日常，有些則感應於生死之間。大觀禪師曾經有兩次深刻的體驗，她說第一次的體驗是生死之間的，與死亡擦身而過。禪師年輕時並不是佛教徒，她在二十多歲未出家，初學佛時，一次坐友人的車出遊，她當時在車廂不忘修持，正在念觀世音菩薩，突然心內浮現一句話：「將會發生車禍」，不夠一分鐘，一輛大貨車迎面駛來，與他們的車撞個正着。原來友人是新牌，看錯了左右線，把車開到逆線，就在兩車相撞時，在那一個似乎停頓良久的剎那，法師感覺到身體和意識分離，面前只是一道光明，當下的念頭是：「如果這一刻死去，我會去何處呢？我還有甚麼執着不能放下嗎？」車輛碰撞完畢，始覺意識回到身體。聽到旁邊有人哭泣，但她很冷靜，還打開車門，推門而出，問：「車撞壞了，還能開嗎？」其後感悟生命無常，對凡塵俗事已不再感興趣。

嚴崔秀琼居士表示：「從出生到今天都是家庭的信仰，母親常念大悲咒，那就是廣州人平常說的：『家家彌陀佛，戶戶觀世音。』記憶中廣州淪陷時，與家人逃難回鄉番禺，在珠江口岸時，日軍登岸騷擾居民，我們合家稱念菩薩名號，而避過災難，安度至今。」她又道：「在淪陷區，抗戰八年中，最後期美軍機日夜轟炸，人民為保平安，街戶都供奉觀世音菩薩。靈驗的是，有供觀音菩薩的區域均平安度過。」

大觀禪師第二件關於觀音菩薩的應驗事情是有關覺修寺的重修。一九九零年代中，禪師有一次隨《溫暖人間》雜誌舉辦的四大名山參訪團而到普陀山，禪師對形相沒甚執着，只喜歡坐禪。所以去到哪裏參訪，都會選一地坐下參禪。到了普濟寺，見到大觀音像，禮拜後便找地方坐下來。其間聽到周圍很吵鬧，身邊有人為了爭先上香而吵架。她那時候心想：「佛教為何變成這樣了？」禪師一直喜歡參禪，在生活中每逢一境、遇一事，都是功課，是公案。起疑情，找答案，得智慧。自問自答。然後她下一個念頭是：「現代的中國佛教需要這些方便來接引人們，將來會走回正軌。」念頭，也是妄念，故沒有多注意，只是觀察念頭「如是來，如是去」。然後她又有一個念頭：「回香港後，會有人給一個寺院。」這是很奇怪的念頭，以為是妄念，也沒加注意。然後禪師回到香港，衍海法師致電找她，請她接管破舊的覺修寺。

同樣發生在普陀山的應驗，劉洪文燕居士分享：「……多年後自己已是佛教徒，在第二次參加朝聖團到普陀山時，與同行胞姊沿途上一心稱名及念六字大明咒。當時雨紛紛，在梵音洞細看，等候傳說中的觀音示現。由於首次到訪時沒有見到，加上法師說十個人中只有三人有緣見到，所以沒有存太大期望，加上雨下得越來越大，團友們都開始紛紛離去。我與胞姊及另一位師姐仍然守在洞前默念觀音名號，不久果真見到觀音，形象如平日見到的白瓷觀音立像，只是一種形象，如人般大小，半透明，未能看清五官。然後觀音變相，如水月觀音形象，仍然是半透明，未能看清五官。事後與胞姊和師姐分享，她們見到的也一樣，感覺很神奇，令我對觀音菩薩更信心堅定。」

一些則是較生活化的應驗例子。駱湛才教授說：「自皈依佛教以來，經常參閱佛教書籍，從中得悉很多觀音應驗的故事，每當遇上困難時，心中默默地念觀音聖號，每次都能圓滿地順利過關。」陳雁姿教授也說：「個人有些在現實中無辦法做到的事，忽然間會有奇遇而能輕易解決，應是菩薩的慈悲善巧，以威神力加持。」

觀音巖洞內觀音菩薩（何培根攝於 2020 年仲夏）

隱於鴨脷洲公園大樹後的水月宮，內裏供奉送子觀音像。
（張偉鵬攝於 2020 年仲夏）

坪洲金花廟內供奉的觀音，充滿民間氣息。（何培根攝於 2020 年仲夏）

始建於清乾隆二十八年（1763）的八鄉古廟內有供奉觀音，廟外修建有觀音塔。
（駱慧瑛攝於 2020 年仲夏）

星雲大師在 1990 年代於香港紅磡體育館主講一年一度的佛學講座，
普及了大眾的佛學知識，其間還主持大悲懺法會。
（圖：香港佛光道場提供）

元朗靈渡寺（何培根攝）

流星訪心經簡林（何建民攝）

莊嚴偉大而親切的慈山寺觀音菩薩像（圖：慈山寺提供）

有一百年歷史的嗇色園黃大仙祠內的千手千眼觀音像
（駱慧瑛攝於 2020 年仲夏）

修觀音法門

漢傳佛教的四大菩薩，祂們都同是摩訶薩：觀音菩薩、文殊菩薩、普賢菩薩及地藏菩薩。其實四即一，一即四：悲、智、願、行。你看，如果你有大悲，但沒有大願，怎能生起大悲？如果沒有大行實踐，怎樣體現大悲？你的大悲，如果沒有智慧帶領，怎樣體現大悲？所以一即四，四即一，觀音菩薩的信仰存在已久。修持觀音法門的正確態度，各人各有見解。

淨因法師說：「現在的社會很需要包容、寬容、理解，及最重要的是用心聆聽，如觀音的圓通法門。任何人都可以得到觀音的幫助及力量，香港需要觀音。」淨因法師比喻觀音就好像藥方，有甚麼病便服甚麼藥方；觀音亦提供不同服務給不同煩惱的人。能夠解決問題的方法就是好方法，沒有高低，只有適合與否，重點是對症下藥。不同的人有不同的需求，不同的時候有不同的滿足，觀音對人有很大的輔導及療癒力量，因為大家可從觀音信仰裏找到快樂或解決問題的方法。

永富法師指出：「星雲大師曾開示言：稱念觀音菩薩名號，能增加與觀音菩薩感應；憶念觀音菩薩的大慈大悲，繼而反省自己生活中的起心動念，從而在性格上進行改善，即是減少

湛山寺內戶外四十八臂觀音像
（駱慧瑛攝於 2020 年仲夏）

貪、瞋、癡，勤修戒、定、慧。」李焯芬教授說：「觀音菩薩代表了慈悲與智慧的精神，是我極為尊敬的大菩薩。」又說：「自己會學習和在日常生活中踐行觀音菩薩慈悲與智慧的精神。」

觀音菩薩「千處祈求千處應，苦海常在渡人舟。」那我們是否就此可以很麻木，放心依賴，「臨急抱佛腳」呢？潘宗光教授則認為：「不求。不只要知道明白理論，更要實修，要修福慧。要學習觀音菩薩的慈悲和智慧，提昇思考能力去幫助自己和別人。」劉洪文燕居士說：「有求的。求增加慈悲心，減少愚癡。」無求與有求，都是為了正面地向上向善改良自己，這有別於其他以為「求」便可以不勞而獲的錯誤觀念。

大善長者楊釗教授分享：「常念六字大明咒（唵嘛呢叭咪吽）。六字大明咒是觀世音菩薩的頻道，也是觀音菩薩與人類的溝通語言。常存恭敬，常做功課，用心去念，在世界各地危急時都能用上，自然而然脱離危險。」楊居士又言：「《普門品》是觀世音菩薩的說明書，而『南無觀音菩薩』的名號是宇宙的『救急熱線』，就好像我們在生活中遇到問題時，在香港就打999，在內地就打110，在美國就打911一樣；若不懂中文的外國人怎麼辦？就要打：『宇宙線』，即六字大明咒，觀世音菩薩都會尋聲救苦來解決我們的危難。」

梁家齊居士說：「希望能以信、勤、念、定、慧，來學習修持。」周大福慈善基金主席鄭家成居士則說：「常念六字大明咒（梵文：ॐमणिपद्मेहूं Oṃ Maṇi Padme Hūṃ）。」駱湛才教授謂：「我們應該學習觀音菩薩的慈悲，廣泛地向眾生推介和實施於生活體驗中。」陳雁姿教授認為：「禮拜、稱名、觀想，如菩薩的慈悲特質去培育自心的慈悲心，然後每天都迴向法界眾生離苦得樂，才能相應菩薩的心懷。」

在與觀音菩薩有關的經典中，我們可以從《法華經．觀世音菩薩普門品》學習並知道修持「一心稱名」，即是持誦觀世音菩薩聖號，一心皈命，加強與觀世音菩薩相應，借他力解除苦厄。聽來很容易和划算。其實也需要一定的質素：三學「戒、定、慧」中的定力，和「信、解、行、證」中的信心。

從《千手千眼觀世音菩薩廣大圓滿無礙大悲心陀羅尼經》（略稱《大悲心陀羅尼經》）中得知，我們透過持誦〈大悲咒〉，可學習觀音菩薩的慈心無量和普濟無量。〈大悲咒〉全名〈千手千眼觀世音菩薩廣大圓滿無礙大悲心陀羅尼〉[1]，誦〈大悲咒〉時，十方佛即來為作證明，一切罪障悉皆消滅。觀世音菩薩於千光王靜住如來處聽聞傳授，觀世音彼時僅是初地菩薩，聽聞〈大悲咒〉即頓超八地，心中寂悅，發誓利樂有情，即現千手千眼相。

誦〈六字大明咒〉：「唵嘛呢叭彌吽」。此咒表徵着觀世音菩薩利益六道的智慧慈悲，在是蒙古、西藏區域廣為信眾恆持的修持法，於元代傳入漢地。《十一面觀世音神咒經》[2]內記有能受持如是呪者，若讀、若誦、或書寫流佈，得防護其身，得一切諸佛所念。

從《楞嚴經》（全名：《大佛頂如來密因修證了義諸菩薩萬行首楞嚴經》）中提及「耳根圓通」的

石鼓洲香港戒毒會內中西文化共融的觀音菩薩像（何培根攝）

修持法，我們可以學習觀音菩薩的「反聞」，諦聽內在的自性以及一切萬法的自性（空性），明白世間的一切現象，皆是因緣和合而生，因緣分散而滅，沒有固定，沒有永恆。《楞嚴經》的「耳根圓通」和《心經》的「照見五蘊皆空」，皆直契佛智，達究竟、解脫、自在之境，也是更深細微密的法門，能了悟和實證空性，即與諸佛的智慧圓滿相應，證入諸法實相。

其他還有蘊含民間信仰成份和色彩，近於摻合佛道釋的《高王觀音經》和《延命十句觀音經》。以上提及的幾種觀音法門，希望大眾有了感應因而起信心後，開始修持佛法、理解經典內容，在生常活中實踐慈悲和智慧。何時何地都可以修持觀音法門，不必在指定寺廟、指定日期或指定觀音像前。

觀相觀自在

上環太平山街觀音堂內所供奉的觀音像有近二百年歷史，堂內工作人員說從小接觸觀音堂，長大後也有接觸其他廟宇的觀音像，但仍然覺得最美的觀音像在觀音堂。其實有沒有所謂「最美的觀音」？我們應該如何欣賞各種莊嚴的觀音像？哪一寺廟的觀音最能與我們相應？

鄭家成居士的辦公室有多尊觀音像，鄭居士潛修佛學多年，他的回答蠻有深度和禪意：「佛菩薩不在外給我們人類禮拜，佛教重視平等觀，佛眾生平等，我們要做的功課修持，是藉着向佛菩薩學習，啟發自家本有的佛性。」

淨因法師說：「每天都有感應。觀音菩薩有三身：法身、報身、應化身，而和我們有感應的都是觀音的化身。這感應是視乎個人的心理及心態，所以每一個人都可以是觀音。」諸佛菩薩有三身——法身、報身、應化身。法身是無相的真如自性、法體真身，法身如如不動，諸大菩薩因證悟階位的不同，而所見的報身有差別。報身是因行所修集的福慧資糧而成就的莊嚴佛體，即三十二相、八十種好。即如《悲華經．諸菩薩本授記品》記：「眾生見於化佛，三十二相而自瓔珞，八十種好次第莊嚴，見如是已，各作是言：『蒙是成就大悲者恩，令我得離一切苦惱，受於妙樂。』」應化身是為化導六道眾生，隨眾生機緣顯現的人格身，所以有多種，即《妙法蓮華經．觀世音菩薩普門品》：「若

西方寺內的山景庭院中設 33 尊戶外石刻觀音菩薩像（何培根攝）

寬運法師於西方寺心經木雕前留影（何培根攝 2020 年仲夏）

西方寺庭院中供奉的一尊觀音菩薩像（吳其鴻攝）

有國土眾生，應以佛身得度者，觀世音菩薩即現佛身而為說法。」內有三十三種不同的應化身。大乘菩薩觀機逗教，隨緣化現，無可定法。「三十三」在印度文化是一代表數字，意無限。所以我們如與觀世音菩薩相應，那是菩薩的應化身。

其實觀音菩薩無形無相，《金剛經》載：「凡所有相，皆是虛妄。若見諸相非相，則見如來。」[3] 佛陀在世以口述傳法，弟子諦聽。佛陀入滅，弟子把佛陀教育結集成經卷流傳，後有佛像、觀音像出現。工匠運用線條和顏色把佛菩薩相好莊嚴表現出來。讓我們透過觀賞觀音菩薩像，憶念起老師的教誨，知道要把握時機，當下精進。口傳、文字及圖像的表達，皆為傳法。有些人歡喜耳聞，有些喜歡讀誦或抄寫，有些人覺得與法相的視覺接觸更直達心靈。

觀音菩薩圖像，有啟發及啟動的作用。對一般人來說，觀音菩薩的慈容法相平和寧靜安詳，令觀者煩擾的心平靜下來，心靈頓然舒泰，從容下來，而且把這份恬靜放在心裏，將這份淡雅用在自己的生活當中，過平和愉快的日子。對學佛的人來說，則有更深的意義。佛菩薩像沉定的氣質，優雅的線條，刻劃着佛菩薩的三十二相、八十種好，讓我們深觀因緣，知道法相莊嚴是果，功德圓滿是因，有「見賢思齊」的作用。透過觀賞佛菩薩像，與佛菩薩接心。觀賞觀世音菩薩像，我們觀想憶念起觀音菩薩歷劫萬行、六度四攝等的修行。

《刻指月錄發願偈》中記：「還願眾生覺悟，修行不迷正路，聊憑標月指頭，正見雲開月露。」[4] 一

佛曲欣賞：
《慈經》，黃慧音主唱、駱慧瑛獨白

幅畫、一尊像，除了歷史、藝術風格和文化特色等可以認識以外，更重要是內藏的意義信息。觀想觀音菩薩像時，是指引出一條讓大家離苦得樂的路。一畫一像有着指引及接引的作用。觀音菩薩的三十三個應化身，無非接引大家走向真、善、美的人生。

慈悲即觀音

惠能大師（六三八—七一三）道：「自性迷即眾生，自性覺即是佛，慈悲即觀音。」[5] 敬拜觀音菩薩，不是外在有一尊觀音菩薩需要我們禮拜，或功利地希望藉禮拜得到庇祐，而是藉禮拜觀音菩薩，啟發各人內在的覺醒潛能和慈悲之心。但對於一些生活在困苦、疾病纏身或身陷危難的人來說，如何有心情聆聽這解脫生死之道？

所以觀音菩薩先解決人們的煩惱與痛苦，滿足人們生活需求，再使脫離這迷惘的世界，一心一意朝向覺悟之道前行。可惜，現代人一般傾向急功近利，過於強調觀世音菩薩所帶來的現世利益，忘卻觀世音菩薩救度的原意，能引導我們終極脫離苦海，了斷生死輪迴之苦，啟往開悟之路前進。

《禮記．大學》以「修身、齊家、治國、平天下」指明個人成長、人際關係、社會繁榮穩定和世界平和的方略，同樣道理，我們應學習觀音慈悲喜捨的精神，在生活中實踐「做好事、說好話、存好心」（三好）和「給人信心、給人歡喜、給人希望、給人方便」（四給），便能達至人格的昇華，實踐觀世音菩薩開示的慈悲和智慧，自動承擔當觀音菩薩，悲智雙運，自己好好的活着，也同時幫助更多需要幫助的人好好的活着，合力推動社會和諧，世界和平。

附錄：

2：有供奉觀音的道觀（主要例子）*

	寺庵蓮社名稱	地點	建立年份	主奉觀音形象
1	萬佛堂	九龍牛池灣西村	逾百年，1915 年遷此	有供奉觀音
2	濟原堂	九龍城福佬村道 5-9 號 4 樓 AB 座	逾百年，遷此址 20 年	有供奉觀音
3	坤道堂	新界大埔懷仁街 14 號	逾百年	有供奉觀音
4	行德佛道社	九龍九龍城聯合道 17 號	1925 年	有供奉觀音
5	葆真堂	新界粉嶺高埔北村	1934 年	有供奉觀音
6	賓霞洞	九龍牛池灣東山村斧山道	1934 年	有供奉觀音
7	慧園	新界荃灣老圍村三疊潭	1935 年	有供奉觀音
8	崇珠閣	港島北角繼園街	1955 年	金身遊戲坐觀音
9	天惠堂	九龍新蒲崗彩虹道 56 號	逾 40 年	有供奉觀音
10	心慶佛堂	新界沙田恆樂里 9 號	遷此址逾 20 年	有供奉觀音
11	積善堂	九龍城啓德道 61 號	逾 20 年	有供奉觀音
12	同善佛道社	九龍旺角通菜街 19 號	1996 年	持如意觀音

3 ： 以觀音為主要供奉對象的民間廟宇（主要例子）*

	廟宇名稱	地點	建立年份	主奉觀音形象	總共數量
1	八鄉觀音古廟	新界大埔八鄉	1763 年	持經觀音坐像	多尊
2	水月宮	新界塔門島	1788 年	寶瓶觀音坐像	1 尊
3	觀音堂	港島上環 太平山街 34 號	1840 年	金身寶冠觀音坐像	1 尊
4	龍潭觀音古廟	新界上水蕉徑	約 1844 年	金身觀音坐像	1 尊
5	水月宮	長洲觀音灣	約 1847 年	木製觀音像	1 尊
6	列聖宮	港島上環 荷李活道	1851 年 （清朝咸豐元年）	金身觀音坐像	2 尊
7	慈雲山水月宮	新界沙田坳道	1853 年	觀音坐像	7 尊
8	觀音古廟 （關閉維修）	新界大埔泰亨村	1855 年重修	觀音坐像	1 尊
9	洪聖廟 （觀音廟） 望海觀音	港島灣仔 皇后大道東	1862 年重修	持寶瓶楊柳坐蓮觀音像	1 尊
10	蓮花宮	港島銅鑼灣 蓮花宮西街	1863 年 （清朝同治二年）	金身坐蓮觀音像，善財和龍女在蓮花座左右兩旁	2 尊
11	觀音廟	九龍紅磡 差館里	約 1873 年 （清朝同治十二年）	兩尊觀音坐像，一大一小前後而置	2 尊
12	觀音廟	新界荃灣 青龍頭	1888 年	金身合十觀音坐像	1 尊
13	水月宮	港島鴨脷洲大街 181 號	1891 年重修	金身送子觀音	2 尊
14	觀音宮	新界大埔 打鐵屻	1897 年重修	（不詳）	1 尊

	廟宇名稱	地點	建立年份	主奉觀音形象	總共數量
15	觀音樓社壇（觀音古廟）	九龍油麻地廟街 56-58 號	1903 年遷此	觀音坐像	1 尊
16	觀音廟	新界西貢白沙灣	約 1919 年（民國八年）1997 年重修	觀音坐像	1 尊
17	水月宮	九龍旺角山東街	1927 年遷此	觀音坐像，善財和龍女在左右兩旁	1 尊
18	排峰古廟	新界上水河上鄉	1937 年遷此	原來是供奉觀音，現時主要供奉佛祖、金花娘娘及韋陀菩薩等神祇	1 尊
19	觀音廟	九龍秀茂坪山坡	1964 年	金身觀音坐像，兩尊脅侍菩薩在左右兩旁，善財和龍女在前	1 尊
20	觀音廟	九龍藍田馬游塘區堆田區	1969 年	觀音坐像	1 尊
21	紫竹林觀音堂	新界元朗棠下十八鄉南坑村	2002 年	觀音坐像	1 尊
22	水月觀音堂	港島上環太平山街 7 號地舖	約 30 年	金身觀音合十坐像	1 尊
23	觀音堂	石鼓洲康復院	近年	白色觀音坐像	2 尊
24	沙江平安觀音廟	新界元朗沙江天水圍天華路沙江圍綠田園	近年	白衣寶瓶觀音坐像	1 尊

4： 戶外觀音像(主要例子)*

	觀音形象	地點	建立年份	尺寸	建造物料
1	寶瓶觀音	龍山寺（粉嶺龍躍頭）	元末明初（1368 年）	15 米高	瓷磚鋪成浮雕
2	持珠寶瓶觀音	凌雲寺內水池中	1821 年	約 2 米多高	石刻
3	黑身白蓮觀音坐像	港島銅鑼灣天后廟道天后廟	乾隆十二年（1747 年）重修	約1至2米高	石刻
4	持楊柳寶瓶觀音立像	三聖廟	1921 年	約1至2米高	銅製
5	持寶瓶觀音立像	妙宗寺內	1931 年	約 4 米高	泥塑彩繪
6	白衣觀音	東普陀寺內	1932 年	約 2 米高（上有亭蓋）	泥塑彩繪
7	持寶瓶觀音	南天竺寺內	1935 年	約 2 米多高（上有亭蓋）	白石雕刻
8	持寶瓶觀音	佛緣精舍內	1937 年	約 2 米高	白石雕刻
9	持珠寶瓶觀音（全白色）	萬佛寺內	1950 年	約 4 米高	白石雕刻
10	白玉持寶瓶觀音	圓玄學院觀音池	1950 年	約3至4米高	石雕
11	多尊觀音像，如不二觀音立像、威德觀音坐像、延命觀音坐像、龍頭觀音等	大嶼山延慶寺內自在林	建於 1960 年代	約1至2米高	全彩塑
12	望海白衣觀音立像	港島赤柱馬坑村（觀音寺內）	1964 年	約 15 多米高（上有亭蓋）	泥塑彩繪
13	持寶瓶觀音	大嶼山島東涌石門甲村羅漢寺	1971 年	約 3 米高	石雕

	觀音形象	地點	建立年份	尺寸	建造物料
14	望海寶瓶白衣觀音立像	港島淺水灣海灘	1970 年代	10 多米高	泥塑彩繪鋪瓷塊
15	三十三尊觀音立像，包括：持寶瓶觀音、送子觀音、持寶瓶佛珠觀音等	西方寺內觀音山文化博覽區	1973 年	每尊觀音像約 2 米高	石刻
16	望海白衣觀音立像	新界屯門龍門路蝴蝶灣公園	1991 年	（上有亭蓋）	泥塑彩繪
17	持寶瓶白衣觀音坐像	元朗沙江天水圍天華路沙江平安觀音廟	近年	約 4 米高	白身石
18	持珠寶瓶白衣觀音立像	新界大埔普門路（慈山寺內）	2003 年	70 米高	青銅合金，採用航天科技銲接，表層採用白色氟碳自淨漆塗料

5： 與眾聖同祀的佛寺（主要例子）*

	寺庵蓮社名稱	地點	建立年份	觀音形象	總共數量
1	龍山寺	新界粉嶺龍躍頭流水響龍山布格仔	元末明初（1368 年）	金身三面千手觀音立像，蓮花背屏觀音坐像，金身持寶瓶觀音立像	3 尊
2	青山禪院	新界屯門青山寺徑	1500 年	十一面千手觀音坐像	1 尊
3	長山古寺	新界粉嶺坪輋禾徑山路	1789 年	金身觀音坐像	1 尊
4	凌雲寺	新界元朗上村觀音山	1821 年	持寶瓶觀音（戶外）、金身觀音坐像	2 尊
5	寶蓮禪寺	大嶼山昂平	1906 年	金身持寶瓶觀音坐像	1 尊
6	慈航淨院	新界沙田大圍新田村 1A	1914 年	千手觀音立像	1 尊
7	蓮池寺	大嶼山昂平	1921 年	蓮花紋背屏觀音坐像	1 尊
8	靈隱寺	大嶼山羗山	1928 年	金身龍紋背屏觀音坐像	1 尊
9	長霞淨院	新界大埔錦山	1928 年	金身觀音坐像、持寶瓶觀音坐像、白衣觀音立像	3 尊
10	悟真紅屋	大嶼山羗山	1928 年	（不詳）	（不詳）
11	青雲觀	新界青山寺徑青山禪院內	1928 年	金身千手觀音坐像	1 尊

	寺庵蓮社名稱	地點	建立年份	觀音形象	總共數量
12	竹林禪院	新界荃灣芙蓉山新村	1928 年	金身千手觀音立像、金身觀音立像	2 尊
13	龍巖寺	大嶼山大澳坑尾村	1929 年	金身觀音坐像	1 尊
14	海蓮社半春園	新界大埔錦石村石蓮路 17 號	建於 1930 年代初	觀音坐像	3 小尊
15	圓溪禪院	大嶼山昂平彌勒山下	1931 年	(不詳)	(不詳)
16	妙宗寺	新界屯門青山村	1931 年	持寶瓶觀音(戶外)	1 尊
17	東普陀講寺	新界荃灣老圍	1932 年	金身觀音坐像，善財和龍女在旁；白衣觀音(戶外)	2 尊
18	竹園精舍	大嶼山昂平大道	1933 年	(不詳)	(不詳)
19	志蓮淨苑	九龍鑽石山志蓮道	1934 年	銅鑄鋪金觀音坐像	1 尊
20	慧修院	大嶼山鹿湖	1935 年前	金身觀音坐像，善財和龍女在兩旁	1 尊
21	東蓮覺苑	港島跑馬地山光道 15 號	1935 年	金身觀音立像	1 尊
22	南天竺寺	新界荃灣芙蓉山	1935 年	持寶瓶觀音(戶外)、三尊八臂觀音像、金身觀音立像及金身觀音坐像	6 尊
23	西竺林禪寺	新界荃灣荃錦公路 10 咪下花山村	1936 年	金身觀音坐像	1 尊
24	佛緣精舍	新界屯門青山村 178 號 B	1937 年	持寶瓶觀音(戶外)	1 尊

	寺庵蓮社名稱	地點	建立年份	觀音形象	總共數量
25	法華淨苑	大嶼山大澳羗山	1940 年	（不詳）	1 尊
26	尸羅精舍	新界屯門青山村 132 號	1950 年	（不詳）	1 尊
27	妙法寺	新界屯門藍地青山公路	1950 年	千手觀音像	1 尊
28	萬佛寺	新界沙田排頭村 221 號	1950 年	持珠寶瓶觀音（戶外），多尊金身觀音立像及坐像	多尊
29	藏霞精舍	新界粉嶺黃崗山祥華邨	1950 年代遷此	（不詳）	1 尊
30	古巖淨苑	新界沙田大圍車公廟道	1951 年	送子觀音像	多尊小觀音像
31	東林念佛堂	新界荃灣芙蓉山	1952 年	金身十一面千手觀音坐像	1 尊
32	寶林禪寺	大嶼山地塘仔	1955 年	金身千手觀音坐像	1 尊
33	天台精舍	九龍荔枝角九華新村	1959 年	金身觀音坐像	1 尊
34	延慶寺	大嶼山鹿湖村	建於 1960 年代	金身觀音立像，善財、龍女在側	1 尊
35	法藏寺	慈雲山沙田坳道	建於 1960 年代初	金身千手觀音坐像	1 尊
36	啓明寺	港島西環薄扶林道 119 號	1963 年	千手千眼觀音	1 尊
37	宏法寺	新界荃灣老圍	1963 年	觀音	1 尊
38	虛雲和尚紀念堂	新界荃灣芙蓉山	1963 年	千手觀音	1 尊

	寺庵蓮社名稱	地點	建立年份	觀音形象	總共數量
39	湛山寺	新界西貢清水灣道大坳門	1964 年	持寶瓶千手觀音	2 尊
40	淨慈苑	新界元朗八鄉錦上路上村 30 號	1970 年代	磨砂黑身持寶瓶觀音立像	1 尊
41	福慧寺	新界荃灣芙蓉山新村	1971 年	金身觀音坐像	1 尊
42	羅漢寺	大嶼山東涌石門甲村	1971 年	持寶瓶觀音（戶外）	1 尊
43	西方寺	新界荃灣老圍三疊潭	1973 年	金身觀音坐像	1 尊
44	香港觀宗寺	新界粉嶺百福村	1978 年	金身觀音立像，善財、龍女在側；持寶瓶觀音立像（全白色）	2 尊
45	佛香講堂	九龍何文田窩打老道 84 號	1991 年	觀音立像	1 尊
46	普廣精舍	灣仔謝斐道 319-323 號帝城大廈地下	2003 年，2013 年遷此	觀音坐像	1 尊
47	香港佛光道場	九龍灣宏光道 1 號億京中心 15-17 樓	2010 年	水月觀音及三十三觀音像	多尊
48	法性講堂	九龍新蒲崗大有街 3 號萬迪廣場 17 樓	建於近年	持楊柳、寶瓶觀音立像、觀音坐像	2 尊
49	法鼓山香港道場	九龍荔枝角永康街 23-27 號安泰工業大廈 B 座 2 樓	建於近年	持寶瓶觀音坐像、觀音立像	2 尊

6： 與眾聖同祀的道觀（主要例子）*

	廟宇名稱	地點	建立年份	主奉觀音形象
1	靜觀林	新界荃灣老圍三疊潭	1913 年	有供奉觀音
2	赤松黃大仙祠	九龍黃大仙	1921 年	有供奉觀音
3	竹隱長春洞	九龍旺角花園街 186-188 號	1924 年	有供奉觀音
4	道德會福慶堂	港島西環太白台	1924 年	有供奉觀音
5	黃帝祠	新界粉嶺沙頭角公路龍躍頭段 18 號安樂村	1925 年	有供奉觀音
6	道德會龍慶堂	九龍深水埗基隆街	1931 年	有供奉觀音
7	華松仙館	九龍旺角砵蘭街 336-338 號八樓	1941 年前	有供奉觀音
8	圓玄學院	新界荃灣老圍三疊潭	1950 年	金身千手觀音立像
9	先覺祠	九龍佐敦道 37 號 U 保文大廈 15 樓 C	1950 年	有供奉觀音
10	藏霞精舍	新界粉嶺黃崗山祥華邨	1950 年代遷此	有供奉觀音
11	省善真堂	九龍九龍塘律倫街	1952 年	金身合十觀音坐像，善財、龍女
12	天真佛堂	九龍荔枝角道九華徑新村 24 及 28 號	1953 年	有供奉觀音
13	松蔭園佛道社	九龍旺角彌敦道 580 號	1955 年	金身觀音坐像
14	普善佛堂	九龍深水埗海壇街	1956 年	有供奉觀音
15	靈霄閣	新界新田鄉米埔	1956 年	有供奉觀音
16	蓬萊閬苑	新界大埔半山洲鳳凰山	1960 年代	有供奉觀音
17	潮音佛堂	九龍長沙灣道 3 號	1967 年	有供奉觀音
18	竹林仙館	九龍深水埗東沙島街 165-167 號	1967 年	有供奉觀音
19	華松仙館	九龍旺角砵蘭街 336-338 號八樓	1969 年	有供奉觀音

	廟宇名稱	地點	建立年份	主奉觀音形象
20	金蘭觀	新界屏山唐人新村	1970年	彩繪觀音坐像（救世大士）
21	慈德善社	九龍塘金巴倫道53號	1971年	有供奉觀音
22	萬德苑	新界大埔林村梧桐寨	1972年	持寶瓶觀音立像及童男童女彩色雕像
23	竹林精舍	新界粉嶺十字路粉嶺樓	1976年	有供奉觀音
24	智玄精舍	港島灣仔駱克道	1976年	有供奉觀音
25	香港道教純陽仙洞	港島西環新海傍街1號華寶大廈5字樓	1978年	有供奉觀音
26	正善精舍	大嶼山梅窩鹿地塘村	1979年	有供奉觀音
27	飛雁洞佛道社	九龍深水埗塘尾道205-207號塘尾大廈13樓	1980年，近年遷此	金身觀音坐像，善財、龍女
28	淳風仙觀	新界葵涌石梨坑金山頂	1981年	有供奉觀音
29	聖明壇	港島北角繼園街	1984年	有供奉觀音
30	道教明善學院	新界八鄉元崗新村	1990年	有供奉觀音
31	同善佛道社	九龍旺角通菜街19號	1996年	白衣觀音立像
32	愿誠園	九龍深水埗北河街165-167號大利樓8字樓	1998年	有供奉觀音
33	純陽呂祖仙壇	九龍油麻地新填地街167號	2000年	持寶瓶觀音立像
34	道教清善壇	新界沙田山尾街43號	2001年	千手觀音立像、持寶瓶觀音立像及多種材質造的觀音像
35	妙觀園	港島筲箕灣南安街23號	2004年	有供奉觀音
36	靜延觀	九龍界限街28號裕成樓	2005年	持寶瓶觀音坐像
37	易元觀	港島上環文咸東街79-85號文咸中心12樓1201室	2012年	有供奉觀音
38	乾元洞	新界荃灣老圍	建於近年	有供奉觀音
39	善慶古洞	新界屯門屯發道11號	（不詳）	有供奉觀音

7：與眾聖同祀的民間廟宇（主要例子）*

	廟宇名稱	地點	建立年份	主奉觀音形象	總共數量
1	天后古廟	新界元朗大旗嶺大樹下東路	1655 年	觀音坐像	3 至 5 尊
2	天后宮	新界大埔舊墟汀角路 39 號	康熙三十年以前（1691 年）	持法輪觀音坐像、觀音坐像	2 尊
3	侯王古廟	九龍城聯合道 130 號	1730 年	金身持寶瓶觀音坐像	1 尊
4	天后廟	港島銅鑼灣天后廟道	不詳，乾隆十二年重修	黑身觀音坐像（戶外）	1 尊
5	玉虛宮	長洲北社街尾	1753 年	金身觀音坐像	1 尊
6	天后廟	港島赤柱大街	1767 年	金身觀音坐像	1 尊
7	洪聖廟	港島鴨脷洲洪聖街	1773 年	金身持寶瓶觀音坐像	1 尊
8	洪聖廟	長洲中興街	1813 年	有供奉觀音	1 尊
9	天后廟	港島香港仔大道 182 號	1851 年	持寶瓶觀音坐像	1 尊
10	玉虛宮	港島灣仔堅尼地道隆安街 2 號	1862 年重建	金身觀音坐像	1 尊
11	洪聖廟	新界粉嶺孔嶺村	1866 年	有供奉觀音	1 尊
12	天后廟	港島筲箕灣阿公岩東大街 53 號	1872 年	觀音坐像、小型金身觀音坐像	2 尊
13	北帝古廟	九龍紅磡鶴園馬頭圍道 146 號	1876 年	金身觀音坐像	1 尊
14	洪聖廟	九龍大角嘴福全街	1881 年	十八臂準提觀音	1 尊
15	武帝廟	九龍深水埗海壇街 158-162 號	1891 年前	持寶瓶觀音坐像	1 尊
16	文武二帝廟	新界大埔富善街 53 號	1891 年	持寶瓶觀音坐像及三尊小觀音坐像	4 尊
17	三太子廟	九龍深水埗汝洲街 196 號	1898 年	觀音坐像	1 尊
18	北帝譚公廟	港島跑馬地藍塘道 9 號	1901 年	觀音立像	1 尊

	廟宇名稱	地點	建立年份	主奉觀音形象	總共數量
19	天后廟	九龍深水埗醫局街 180 號	1901 年	金身望海觀音坐像	1 尊
20	盤王神廟 / 盤王古廟	九龍坑村合雲山	清末	有供奉觀音	1 尊
21	譚公仙聖廟	港島筲箕灣譚公廟道	1905 年	金身持塵拂望海觀音立像	1 尊
22	三聖廟	新界屯門青山灣三聖村	1921 年	持楊柳寶瓶觀音立像（戶外）	1 尊
23	天德宮	新界大埔大江埔村 43 號	1930 年代	小觀音坐像	5 尊
24	天后聖母古廟	九龍樂富聯合道 196 號	1950 年	觀音坐像	1 尊
25	龍母廟	新界上水古洞鄉事會附近	60 年代末	觀音立像	1 尊
26	真君古廟	新界青衣楓樹窩路 9a	1970 年重修	有供奉 3 至 5 尊小觀音像	3 至 5 尊
27	海心龍母廟	九龍土瓜灣下鄉道 49 號	1973 年	觀音立像	1 尊
28	譚公廟	港島香港仔石排灣道	2000 年	有供奉觀音	1 尊
29	大聖廟	港島柴灣新廈街	建於近年	有供奉觀音	1 尊
30	白雲洞大聖廟	九龍葵涌石梨	建於近年	有供奉觀音	1 尊
31	玉皇宮殿	港島筲箕灣阿公岩	建於近年	金身觀音立像及三五尊小觀音像	3 至 5 尊

* 以上表 1-7 內資料參照華人廟宇委員會等網站及筆者田野調查結果綜合而得

優雅唐風的南蓮園池，由志蓮淨苑以阿彌陀佛淨土為主題而設計。（何培根攝）

香港觀宗寺所供奉典雅的中式寶瓶觀音菩薩像（何培根攝）

淨因法師於寶蓮寺妙語連珠的開示（何培根攝於 2020 年仲夏）

筆者父親駱湛才教授在寶蓮寺內參拜觀音菩薩（何培根攝於 2020 年仲夏）

寶蓮寺觀音殿（何培根攝於 2020 年仲夏）

赤柱山中臨海的觀音寺（張偉鵬攝於 2020 年仲夏）

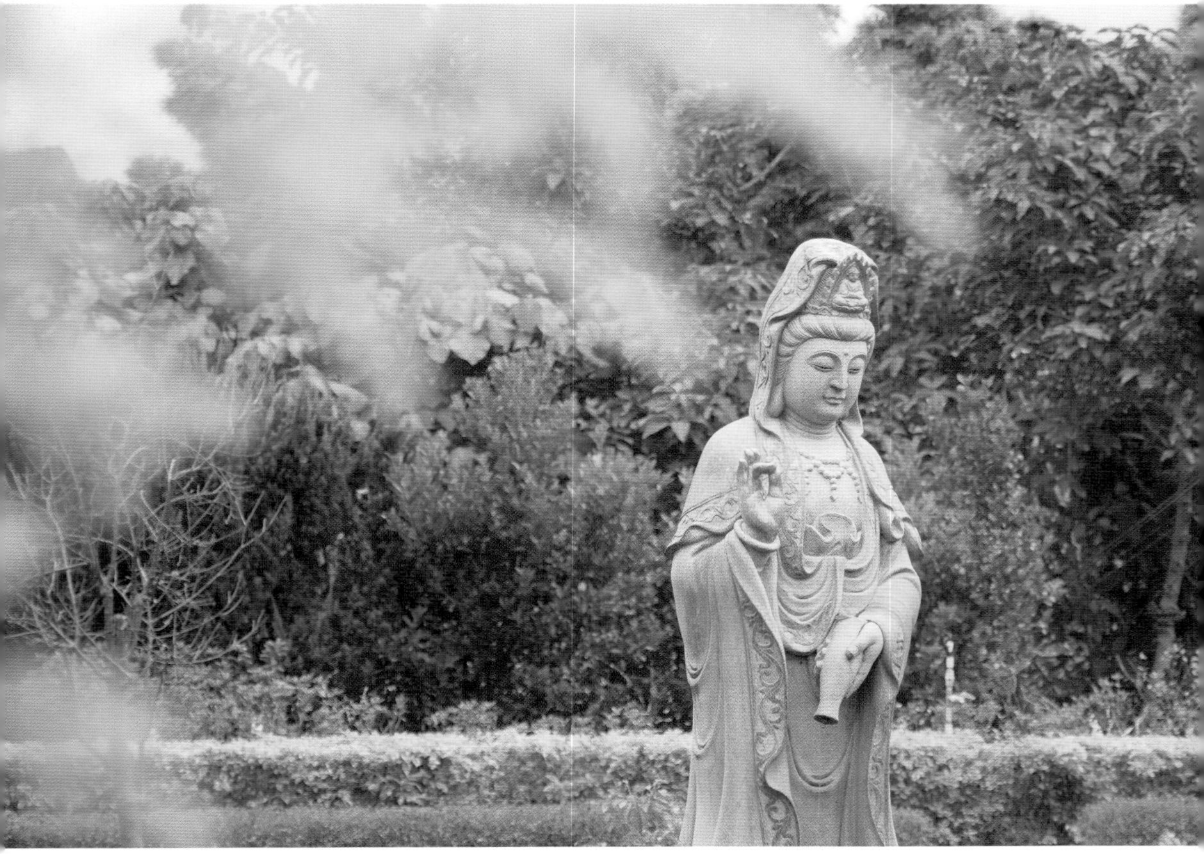

錦田凌雲寺的戶外觀音菩薩像（何培根攝）

有 75 年歷史的東蓮覺苑內祀奉的觀音像
（圖：東蓮覺苑提供）

東林念佛堂內的千手千眼觀音菩薩（吳其鴻攝）

台灣佛光山佛陀紀念館的千手千眼觀音像，靈感來自於敦煌莫高窟第三窟內的千手千眼觀音壁畫圖像，楊惠珊造。此觀音像加上現代元素，能與禮拜者互動（善財童子內有齒輪轉動，禮拜後童子會出來倒出淨水入淨瓶，禮拜者可以帶回家中）。
（圖：佛光山佛陀紀念館提供）

1 http://tripitaka.cbeta.org/T20n1064_001

2 http://tripitaka.cbeta.org/T20n1070_001

3 《金剛般若波羅蜜經》卷 1，《大正藏》第 8 冊．號 0235，[0749a23]。

4 《指月錄》卷 1，〈刻指月錄發願偈〉，《續藏》第 83 冊．號 1578B，[0397b03]。

5 唐．法海集：《南宗頓教最上大乘摩訶般若波羅蜜經六祖惠能大師於韶州大梵寺施法壇經》卷一，《大正藏》第 48 冊，號 2007，[0352b06]。

【結語】

觀心觀自在

當我說我是信奉觀音菩薩時，不是說我祈求祂賜給我所願所求。因為我深信因果，知道沒有不勞而獲之事。我禮敬觀音菩薩，只願觀音菩薩加持，讓我更有效率地學習祂的慈悲和智慧，悲智雙運，以便幫助他人和自己。

觀音的真諦

觀世音菩薩「有求必應」的感應，來自於深厚而虔誠的信願；「信」的力量極大，若能真正相信觀世音菩薩，至心稱念「觀世音菩薩」聖號，心靈可獲得安定與自在，並運用智慧轉煩惱為清淨，化戾氣為祥和。

佛曲欣賞：
《慈經》，黃慧音主唱、駱慧瑛獨白

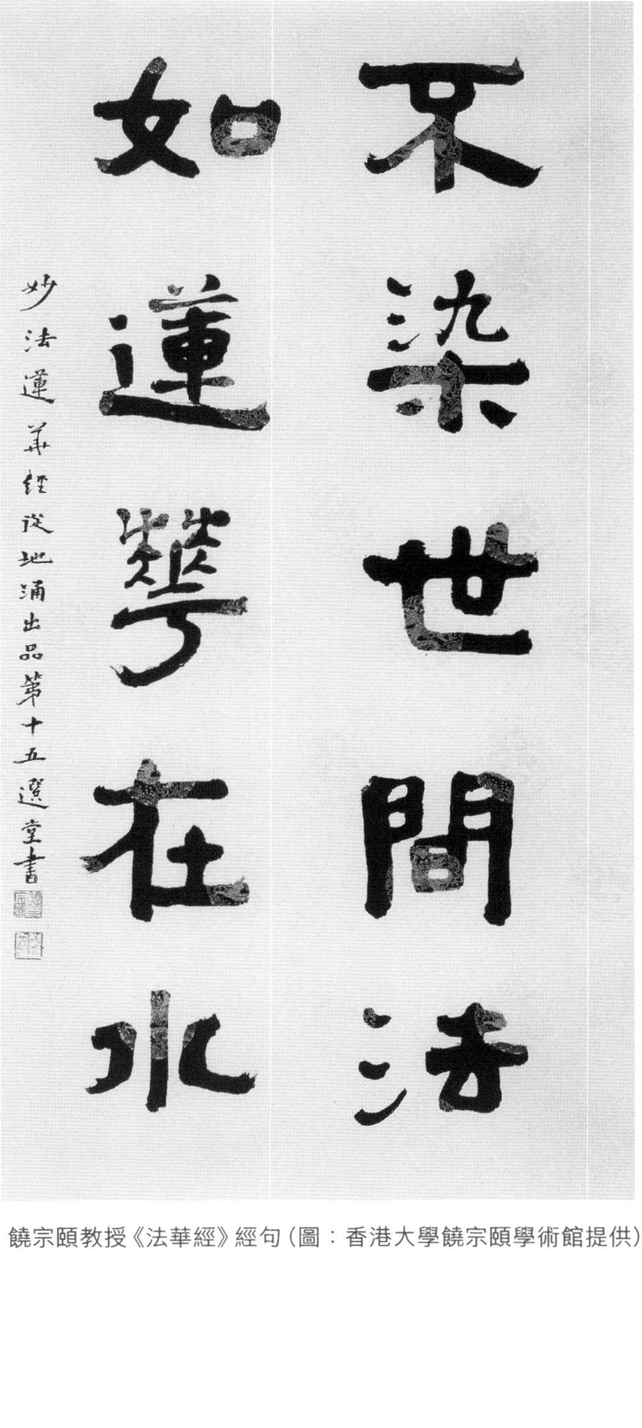
不染世間法
如蓮華在水
妙法蓮華經從地涌出品第十五 選堂書

饒宗頤教授《法華經》經句（圖：香港大學饒宗頤學術館提供）

有慈悲便無敵人，有智慧便無煩惱。觀世音菩薩的無我利他精神，也是我們現今最渴望、需要和理想的普世價值。那不是靠某個國家某個地方領導的工作。這是靠我們每一位出的每一分力。因此，我們也可以效法觀世音菩薩「不為自己求安樂，但願眾生得離苦」，學習菩薩行徑，發菩提心，發大願成就，以智慧和慈悲來供養十方一切，利益他人。

於諸眾生，起慈悲心，先當從我，發如是願：

南無大悲觀世音！願我速知一切法。南無大悲觀世音！願我早得智慧眼。
南無大悲觀世音！願我速度一切眾。南無大悲觀世音！願我早得善方便。
南無大悲觀世音！願我速乘般若船。南無大悲觀世音！願我早得越苦海。
南無大悲觀世音！願我速得戒定道。南無大悲觀世音！願我早登涅槃山。
南無大悲觀世音！願我速會無為舍。南無大悲觀世音！願我早同法性身。

我若向刀山，刀山自摧折。我若向火湯，火湯自消滅。
我若向地獄，地獄自枯竭。我若向餓鬼，餓鬼自飽滿。
我若向修羅，惡心自調伏。我若向畜生，自得大智慧。[1]

心中的觀音

「若欲見觀音，吉祥清淨者；誦七洛叉數[2]，獲見無有疑。」[3]

香港西方寺方丈寬運法師言：「內觀觀自在，外觀觀世音。首先我們佛教是內求的，反求諸己，你內觀自在了，自然就能觀世音。『六字大明咒』可說是國際語言，在我們中國，香港人有事就打999，內地就打110，到了美國就打911。我們若發生甚麼事情，可以求甚麼？就是求『大慈大悲觀世音菩薩』。那麼，國際人就要說國際語言，也就是『六字大明咒』。當然這對於我們中國人也是通用的。菩薩是無形無相的，人是有形有相的，所以人造的佛菩薩像，在印度就印度樣子，到了中國就中國樣子，在日本就日本樣子。」

嗇色園黃大仙祠李耀輝監院道：「仙佛在心中，任何地方皆可為說法道場，講者及受聽者只要一個『誠』字。」

《金剛經》中載：「凡所有相皆是虛妄，若見諸相非相，即見如來。」所以我們知道凡所有相皆是虛妄，若見諸相非相，即見空性，即見觀音如來。星雲大師言：「觀自在，既是觀世音菩薩的另一個名號，但事實上，觀自在也不一定是觀世音菩薩，或者我們每個人，我們自己就是觀自在。任何時刻，你都能觀察到自己的起心動念，觀察到自己是否自在嗎？」我們有觀察自己的起心動念嗎？一念間的貪瞋癡，即如落在地獄裏受苦；一剎那的戒定慧，如重返天堂般自在。天堂與地獄的距離，在於自己的一念善惡之間。

星雲大師又言：「心有多寬世界就有多大，世間萬事萬物沒有絕對的好壞善惡，所謂差別對錯都是自我分別呈現的。我們的心可以創造出天堂，也可以創造出地獄，所以佛教說，十法界都在我們的心中。一念清淨心起，佛、菩薩、聲聞、緣覺四種聖賢就在我的心中；一念善心幫助他人，凡夫六道裏的天、人、阿修羅三種善道，即刻在我的心中；一念貪、瞋、愚癡心起，地獄、餓鬼、畜生的惡道眾生，馬上顯現。一天之中，我們在天堂、地獄等十法界，不知來來回回了多少次。因此過去、現在、未來三世的一切聖賢，都在我們的心上；法界的一切萬象其實都在我們心裏。你的心裏如果愛一家人，就可以容得下一家人；如果你的心中擁有世界，就能包容世界，世界就在心中。」

幸福美滿的人生，誰都想要。但如何能得到呢？「真理從清醒而來，善良從體諒而來；氣質從智慧而來，美麗從慈悲而來。」[4] 所以，如果我們想清醒、有氣質、有美麗的人生？那我們要學習真理、學習體諒、學習累積智慧，慈悲他人。那幸福的人生就離我們不遠了。

古德云：「佛在靈山莫遠求，靈山就在汝心頭；人人有個靈山塔，好向靈山塔下修。」同樣，人人自有觀自在，何必他方遠處求？「觀自在」是觀世音菩薩的另外一個名號，意思是說，只要我們能觀照自己，我們能認識自己，我們可以自在了！如觀照他人，能夠「人我不二」，怎會不自在呢？觀照境界，不「心隨境轉」而能「心能轉境」，怎會不自在呢？觀照事情，事情千般萬種，我們只求簡單，怎會不自在呢？觀照道理，道理玄妙莫測，我們只以平常心論道，怎會不自在呢？我若觀心，心意千變萬化，我們仍平常心對之，我們有何不自在的呢？自在，自在！自在處處求，原來只要我心自在，一切自然就都能自在了！

「菩薩清涼月，常遊畢竟空，眾生心垢淨，菩提月現前。」意謂：菩薩猶如天上月亮，遊於虛空之中。眾生若想與菩薩感應道交，唯修心清淨，去精神上的雜質塵垢，令己心靈沉澱、清淨。菩提月光便會映照現心上，佛性現前。惠能大師（六三八—七一三）說：「本來無一物，何處惹塵埃。」[5] 曾有一位女友人失戀，找我傾訴，求安慰。我會提醒她「本來無一人」，才認識幾週，為甚麼他會突然變成世上最重要的人了？以前是陌路人，將來也是陌路人。對旁觀者來說，是客觀、理智、合理、自然的事。本來無一人，不用傷心失去的。因為本來就不曾擁有，將來也不會擁有。人如是，物如是，其他一切亦如是。

自己最愛的人如是，其他事物也一樣。問題不在於何人、何事或何物，問題在於「自己最愛」。以為有不變的「我」或不變的「我所有」，然後執着不放。自以為是把「喜愛」執着不放，其實一體兩面，也同時把「痛苦」執着不放。自己的身體和生命亦如是，在匆匆數十載的人生中，小至一念，大至一生，無非「四大本空，五蘊非有」。《心經》載：「照見五蘊皆空，度一切苦厄。」五蘊：色、受、想、行、識五者。肉體、感受、思想、行為、意識，這組合各生命體的五大元素，其實也只是暫時的聚合現象，不代表永恆不變，如果我們能如實來觀察和認知，我們便不會面對生命中的各種變化時，束手無策。反而，我們面對生命中各種生、老、病、死、愛別離、怨憎會等困苦時，我們知道那是只是自然現象之一，不是偶然，也不是甚麼「不好彩」，便能釋懷，處之泰然。

煩惱一起，如野火燎原，一發不可收拾。俗語有云：「山不轉路轉，路不轉人轉，人不轉心轉。」外境不轉時，心念一轉，便豁然開朗。失戀時、失去最愛親友或珍貴物件時、生氣時、生病等，都是我們練心的好機會。心強，境隨心轉；心弱，心隨境轉。去除煩惱纏縛、愛怨瞋癡，需要不斷持續練習，無法一蹴可幾，沒有一步登天。往往當我們以為自己已練就得金剛不壞時，來一個考驗，才知道原來自己功夫不夠堅固。自己來記着一兩句口訣，如：「本來無一物，何處惹塵埃。」在境來，能不隨境轉。

例如給別人無理罵了，可以選擇不動氣，不動粗的。不要自動投降，被外境牽着心緒走了，「本來無一話，何處惹煩惱。」話其實是真的曾說了，在聽到時，話其實也已經過去了。只要不執着人我是非，只需客觀考量知道那人質素一般，以後看看還要否交往，轉身離去便可。不用傷心、生氣或打人等因一句話引致情緒或行為上的牽動。星雲大師說：「心中有事世間小，心中無事一床寬。」經常保持一顆無事的心，必能享受沒有夢魘的清寧。[6] 心無罣礙，便得自在。

觀心觀自在

修持是認識本心。但這種修持是有層次的。其他宗教都是有外在的一個朝拜對象，佛教不一樣，佛教是可以接引不同的人，因為每人都有佛性，藉着認識佛菩薩，啟發自己內心潛在的佛性。首先要淨化自己的心靈，及有開放的思想，不能迷信。觀音的菩薩的有求必應，只是「派糖」(candy)，是接引，令人先安心，心中起信心和歡喜，然後要謙虛學習佛法，從而把握脱胎換骨的機會，「人成即佛成」。佛菩薩不再外，不能只靠他力，一直向外求。那不是徹底離苦得樂的方法。你想再輪迴嗎？要繼續生生世世又生又死？如果不要，便要好好面對和處理自己的業力，給自己生命新機會。

對有覺知的人而言，生命本來是一場修持，順境，或不順境；喜歡，或不喜歡，都只是修持的機會。修持從點點滴滴的累積而成。有或多或少的修持，自然有或多或少的感應，那不足為奇，也不須執着。因為那是不究竟的。感應之後，仍然需要努力付出，是有代價的。例如求子，得子。也要養子，教子。修持是達兩邊沒有對立，二為一體。真正的感應，是無求的，因為有求必苦。在因上努力，在果上隨緣。自然觀心觀自在。希望藉此互勉，祝福迴向大家早日心無罣礙。

《吉祥經》中載：

1：諸天與世人，思維吉祥事，希求於幸福，何謂勝吉祥？

2：遠離愚癡人，親近智慧者，供養於應供，此事勝吉祥。

3：靜住安適處，由曾作福業，而自修善德，此事勝吉祥。

4：凡學諸律儀，真實與工巧，及善説語言，此事勝吉祥。

5：侍奉於父母，攝受妻與子，所作無繫累，此事勝吉祥。

6：布施與修持，攝受親眷屬，諸業無過咎，此事勝吉祥。

7：遠離諸惡業，亦不飲諸酒，於法不放逸，此事勝吉祥。

8：尊敬與謙讓，知足常感恩，依時聽正法，此事勝吉祥。

9：忍辱與謙卑，具足正知見，談論於正法，此事勝吉祥。

10：苦行與梵行，而得見聖諦，證悟於涅槃，此事勝吉祥。

11：接觸世間法，心寂不為動，無憂離貪欲，此事勝吉祥。

12：如是修諸行，而能無墮失，隨處得安隱，此諸事吉祥。[7]

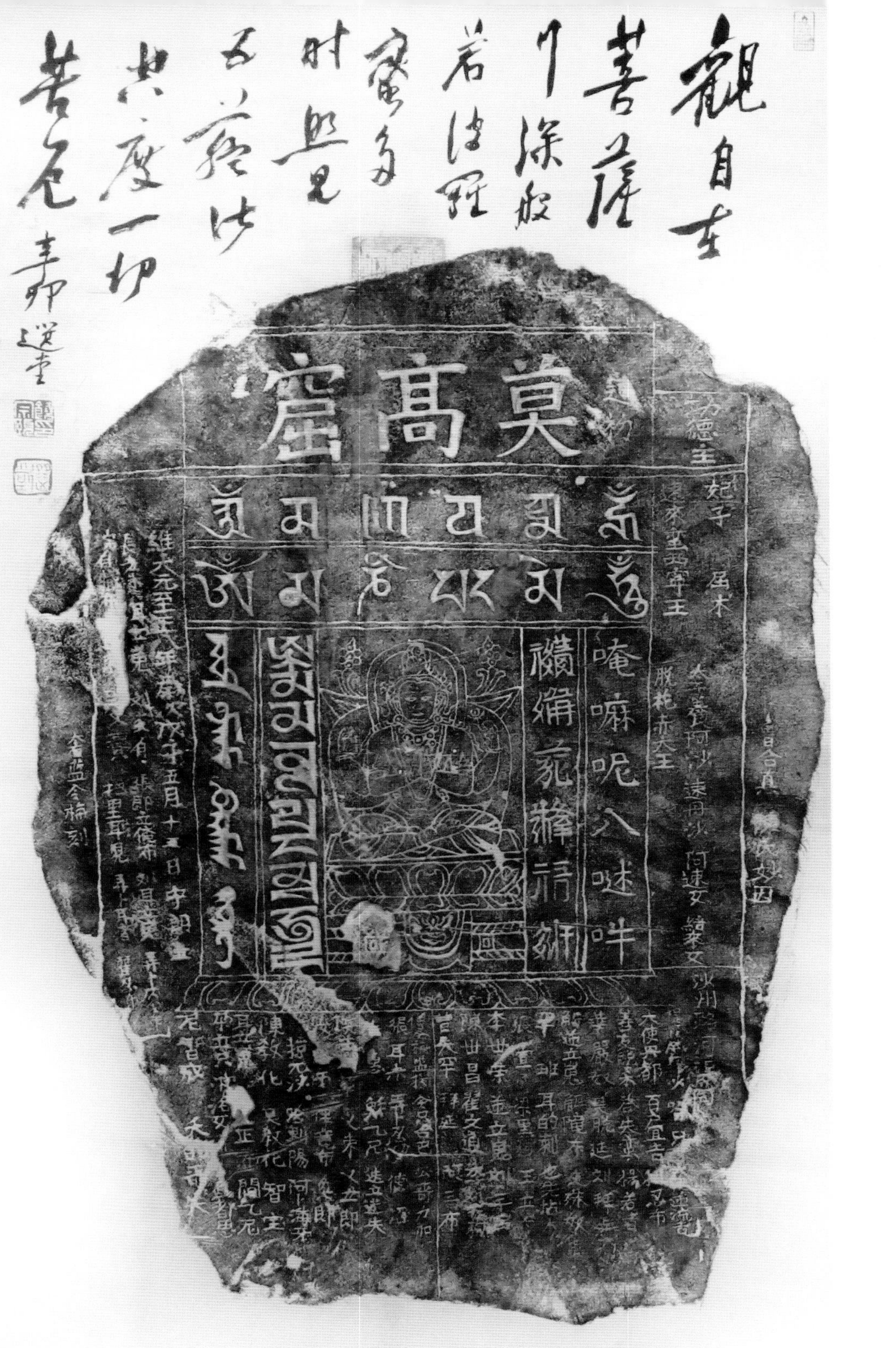

饒宗頤教授題《心經》經文首四句：「觀自在菩薩。行深般若波羅蜜多時。照見五蘊皆空。度一切苦厄。」於莫高窟出土元代觀音六字真言碑拓本。
（圖：香港大學饒宗頤學術館提供）

1 唐·伽梵達摩（Bhagavaddharma）譯：《千手千眼觀世音菩薩廣大圓滿無礙大悲心陀羅尼經》，《大正藏》第 20 冊，號 1060。http://tripitaka.cbeta.org/T20n1060_001。

2 「梵語 atilaksa。洛叉（梵 laksa）乃印度古代計算數目之單位，相當於六位數之『十萬』。十洛叉稱度洛叉，故相當於『百萬』之數。〔阿毘達磨俱舍論卷十二分別世間品〕p3778」《佛光大辭典》。

3 唐·不空（705-774 年）譯：《佛說大方廣曼殊室利經》卷 1〈觀自在菩薩授記品〉，《大正藏》，第 20 冊，號 1101，[0450c02]。http://tripitaka.cbeta.org/T20n1101_001。

4 星雲大師：《人間佛教語錄》，台北：香海文化，2008 月 4 月。

5 《六祖大師法寶壇經》，《大正藏》，第 48 冊，號 2008，[0348c18]。https://tripitaka.cbeta.org/ja/T48n2008_001。

6 星雲大師：《人間佛教語錄》。

7 民國·法舫（1904—1951）：《吉祥經》，《大藏經補編 (B)》，第 7 冊，號 0013，[0015a03]。http://tripitaka.cbeta.org/B07n0013_001。

www.cosmosbooks.com.hk

書　　名　觀心自在：香港觀音誕與觀音信仰探源
封面題字　星雲大師
封面圖片提供　敦煌研究院
篇章頁題字　鄧偉雄
作　　者　駱慧瑛
藝術顧問　駱慧瑛
封面設計　邱維漢
責任編輯　林苑鶯
美術編輯　郭志民
出　　版　天地圖書有限公司
香港黃竹坑道46號新興工業大廈11樓（總寫字樓）
電話：2528 3671　傳真：2865 2609
香港灣仔莊士敦道30號地庫（門市部）
電話：2865 0708　傳真：2861 1541
印　　刷　亨泰印刷有限公司
柴灣利眾街27號德景工業大廈10字樓
電話：2896 3687　傳真：2558 1902
發　　行　香港聯合書刊物流有限公司
香港新界荃灣德士古道220-248號荃灣工業中心16樓
電話：2150 2100　傳真：2407 3062
出版日期　2020年12月／初版

ISBN：978-988-8549-34-4

本出版物獲第一屆「想創你未來－初創作家出版資助計劃」資助。該計劃由香港出版總會主辦，香港特別行政區政府「創意香港」贊助。

鳴謝：

主辦機構：香港出版總會
贊助機構：香港特別行政區政府「創意香港」

「想創你未來－初創作家出版資助計劃」免責聲明：